초등
문해력 **한자
어휘가
답!**

1단계

◈ 서사원주니어

들어가는 말

아이들과 교실에서 수업하다 보면 "선생님, 이 단어는 무슨 뜻이에요?"라는 '어휘' 질문을 가장 많이 받습니다. 어휘를 모르면 교과서 속 글 전체의 내용을 이해하지 못하고 어렵지 않은 글에도 지레 겁을 먹게 됩니다. 더 읽고 싶은 생각도 없어져 글 읽는 것 자체를 포기하기도 하지요.

글을 읽고 이해하는 힘, 즉 문해력의 기초 중 기초는 글을 이루고 있는 어휘를 아는 것입니다. 그런데 우리 어휘의 70퍼센트 가량은 한자어가 차지하고 있습니다. 기본 한자만 알고 있다면 새로운 어휘를 배우고 뜻을 유추하기가 훨씬 쉬워진다는 의미지요.

한자 어휘를 배우기 위해 한자를 열 번씩 따라 쓸 필요는 없습니다. 한자의 기본 뜻과 음만 배워도 새로운 어휘가 나왔을 때 어떤 뜻일지 유추할 수 있는 능력이 길러집니다. 한자를 위한 한자 공부가 아닌 우리 '어휘' 확장으로 이루어질 수 있는 한자 공부 방법을 알려 드리겠습니다.

초등 교사 박명선 드림

이 책의 특징

1. 한자를 한 번도 쓰지 않는 한자 책

평소 우리가 글을 읽을 때 한자를 그대로 읽거나 쓸 일은 거의 없습니다. 익숙하지 않은 한자를 쓰는 것보다 '수영장'의 '수(水)'가 물과 관련된 뜻이라는 것을 알면 '강수', '생수', '음료수'에 쓰이는 '수'가 모두 물과 관련된 어휘라는 것을 알 수 있습니다.

2. 꼬리에 꼬리를 무는 어휘 확장

한자 한 글자당 단어 4개와 각 단어별 파생 단어를 함께 배웁니다. '날 일(日)'에서 '휴일' – '공휴일' – '평일'을 연결해서 배우는 것이지요. 단어들은 초등학교 교과서와 활용도 높은 실생활 어휘들 중 선별하였습니다. 한자 한 글자에 관련된 어휘 10~12개를 배우며 저절로 '어휘 확장'이 됩니다. 새로운 단어 '홍수', '수해'를 만났을 때 겁내지 않고 뜻을 유추할 수 있다면 잘 공부한 것입니다.

3. 그림으로 만나고 퀴즈로 익히는 4단계 학습

1. 글자 만나기 – 2. 어휘 만나기 – 3. 뜻 익히기 – 4. 어휘 늘리기로 이어지는 흐름 속에서 자연스럽게 한자의 뜻과 음, 단어의 쓰임을 반복하여 익힙니다. 쉽고 발랄한 직관적인 구성으로 한자 어휘를 실생활과 학습에 자유자재로 사용할 수 있게 하는 구성입니다.

이렇게 활용하세요

▣ 3학년부터 6학년까지!

1권은 초등학교 3학년 학생이 학습할 수 있는 수준으로 구성되었습니다. 한글이 어느 정도 자리 잡은 초등학교 3학년은, 교과 수의 증가로 급격히 늘어난 어휘 학습이 필요한 학년입니다. 어휘의 확장은 기본 뿌리인 한글이 탄탄하게 자리 잡은 상태에서 효과를 발휘합니다. 1, 2학년 친구들은 다양한 글을 통해 한글의 재미를 느끼고, 3학년 친구들은 순조로운 교과 이해와 독서를 위해 한자 어휘 공부를 시작하기 바랍니다. 2권은 3, 4학년, 3권은 4, 5학년 학생을 대상으로 하고 있으나, 부족한 어휘를 보충하기 위해서는 누구나 1권부터 시작하기를 권합니다.

▣ 뜻과 음을 소리 내어 말하기

하루 4쪽을 학습하는 동안 한자의 음에 ○표 하기, 뜻에 ○표 하기, 문장 속에서 단어 쓰기, 단어의 뜻 찾기 등의 활동으로 같은 한자의 뜻과 음을 여러번 반복하여 익힙니다. 단원이 끝나는 순간 입으로 저절로 '물 수'를 말하게 되는 것은 물론 '생수', '홍수', '강수량'의 '수'가 '물'을 뜻한다는 것을 알게 되지요. 다양한 단어 속 '수'가 '물'이라는 공통된 뜻을 가진다는 것을 알게 되면, 책에 나오지 않은 단어 속에서도 '물'의 뜻을 가진 '수'를 찾아보는 것은 어떨까요?

▣ 같은 소리, 다른 뜻 구별하기

같은 '수'이지만 '물'의 뜻을 가지는 '수'도 있고, '손'이나 '숫자'를 의미하는 '수'도 있습니다. 글을 읽고 어휘의 뜻을 유추할 때 '수'라고 해서 무조건 '물'이 아니라 앞뒤의 문맥과 상황에 따라 다를 수 있음을 경험해 봅니다. 유쾌한 상황 글에서 '수영장', '수영복', '생수병', '수학' 중 뜻이 다른 '수'를 찾는 활동을 통해 어휘 뜻을 유추할 수 있는 능력을 키울 수 있을 것입니다.

이 책의 구성

1 글자 만나기 •

단어들의 공통 글자에 ○표 하고,
빈칸에 큼직하게 쓰면서 오늘의
글자를 만나 보세요.
그림과 함께 한자 모양의 유래를
배우고 쓰임도 알아봅니다.

2 어휘 만나기

단어별 연계 어휘를 직관적으로 만나고, 강조 색으로
표시된 한자의 뜻에 유의하며 단어의 뜻을 알아봅니다.

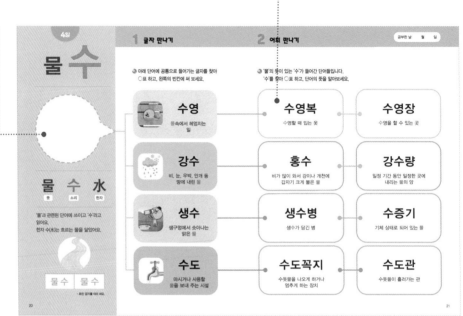

3 뜻 익히기 •

단어를 써 보고, 강조 색으로
표시된 한자의 뜻에 ○표 합니다.
문장에 어울리는 단어를 찾아
넣는 활동으로 단어 활용 능력도
키워 보세요.

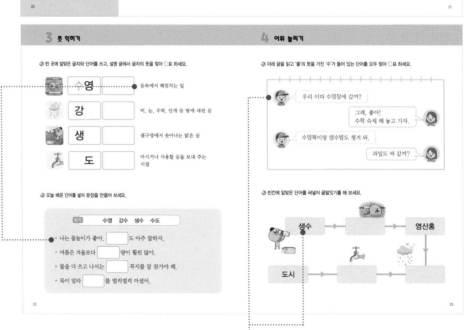

4 어휘 늘리기 •

재미있는 대화 글에서 뜻이 같은 한자가 쓰인 단어를
찾으며 언어 유추 능력을 키웁니다.
또한 다양한 어휘 확장 놀이로 1일차 학습을 마칩니다.

차례

1. 요일

차례

요일

다음 글자가 들어가는 단어에는 무엇이 있을까요?
또박또박 읽으면서 떠올려 보세요.

날**일**

달**월**

불**화**

물**수**

나무**목**

쇠**금**

흙**토**

날 일

일

날	일	日
뜻	소리	한자

'날', '해'와 관련된 단어에 쓰이고
'일'이라고 읽어요.
한자 일(日)은 둥근 해의 모양을 닮았어요.

날 일	날 일

· 흐린 글자를 따라 써요.

1 글자 만나기

🖑 아래 단어에 공통으로 들어가는 글자를 찾아
○표 하고, 왼쪽의 흐린 글자를 따라 써 보세요.

일기

날마다 그날 겪은
일을 적은 기록

휴일

일을 하지 않고
쉬는 날

일상

날마다 반복되는
평범한 생활

일출

해가 뜸, 해돋이

💧 '날' 또는 '해'의 뜻이 있는 '일'이 들어간 단어들입니다.
'일'을 찾아 ○표 하고, 단어의 뜻을 알아보세요.

기장

날마다 겪은 일을 적는 공책

일과

날마다 규칙적으로 하는 일

공휴일

국가에서 지정하여 쉬는 날

평일

휴일이 아닌 보통 날

일상생활

날마다 반복되는 생활

일상복

날마다 입는 옷

일몰

해가 짐, 해넘이

일조량

햇볕이 비치는 양

📝 빈 곳에 알맞은 글자와 단어를 쓰고, 설명 글에서 글자의 뜻을 찾아 ○표 하세요.

	일기		㉠날마다 그날 겪은 일을 적은 기록
	휴		일을 하지 않고 쉬는 날
	상		날마다 반복되는 평범한 생활
	출		해가 뜸, 해돋이

📝 오늘 배운 단어를 넣어 문장을 만들어 보세요.

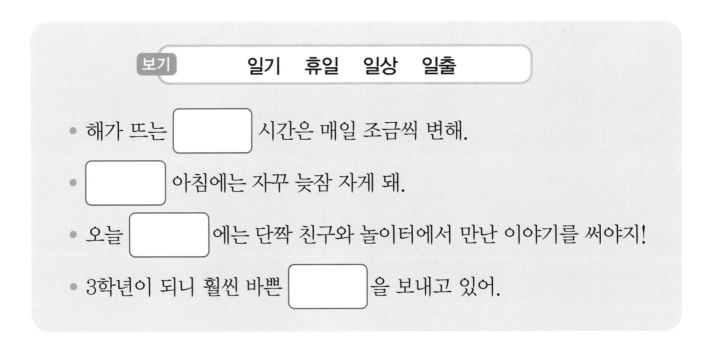

보기   일기 휴일 일상 일출

• 해가 뜨는 [ ] 시간은 매일 조금씩 변해.

• [ ] 아침에는 자꾸 늦잠 자게 돼.

• 오늘 [ ] 에는 단짝 친구와 놀이터에서 만난 이야기를 써야지!

• 3학년이 되니 훨씬 바쁜 [ ] 을 보내고 있어.

아래 글을 읽고 '날'의 뜻을 가진 '일'이 들어 있는 단어를 모두 찾아 ○표 하세요.

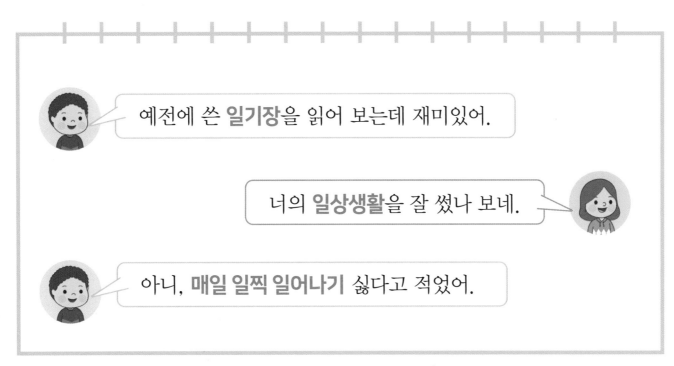

예전에 쓴 **일기장**을 읽어 보는데 재미있어.

너의 **일상생활**을 잘 썼나 보네.

아니, **매일 일찍 일어나기** 싫다고 적었어.

✏ '일찍 일어나기'는 순우리말입니다.

단어를 보고 알맞은 뜻을 찾아 연결해 보세요.

매일	•	•	해가 뜸
내일	•	•	날마다
일출	•	•	다음 날
일과	•	•	날마다 하는 일

달 월

달	월	月
뜻	소리	한자

'달'과 관련된 단어에 쓰이고 '월'이라고 읽어요.
한자 월(月)은 달의 모양을 닮았어요.

달 월	달 월

• 흐린 글자를 따라 써요.

1 글자 만나기

💭 아래 단어에 공통으로 들어가는 글자를 찾아 ○표 하고, 왼쪽의 빈칸에 써 보세요.

매월
한 달 한 달

월급
일한 대가로
한 달마다 지급하는 돈

정월
음력으로
한 해의 첫째 달

월간
한 달 동안

'달'의 뜻이 있는 '월'이 들어간 단어들입니다.
'월'을 찾아 ○표 하고, 단어의 뜻을 알아보세요.

개월
달을 세는 단위

격월
한 달을 빼고 넘어감

월초
달의 처음 무렵

월세
집이나 방을 빌려 다달이 내는 돈

정월대보름
음력으로 1월(첫째 달) 15일

월식
달이 지구의 그림자에 가려
보이지 않는 현상

월간지
한 달에 한 번 발행하는 잡지

월별
한 달을 단위로 하여 나눔

3 뜻 익히기

🔵 빈 곳에 알맞은 글자와 단어를 쓰고, 설명 글에서 글자의 뜻을 찾아 ○표 하세요.

	매월		한 달 한 달
	급		일한 대가로 한 달마다 지급하는 돈
	정		음력으로 한 해의 첫째 달
	간		한 달 동안

🔵 오늘 배운 단어를 넣어 문장을 만들어 보세요.

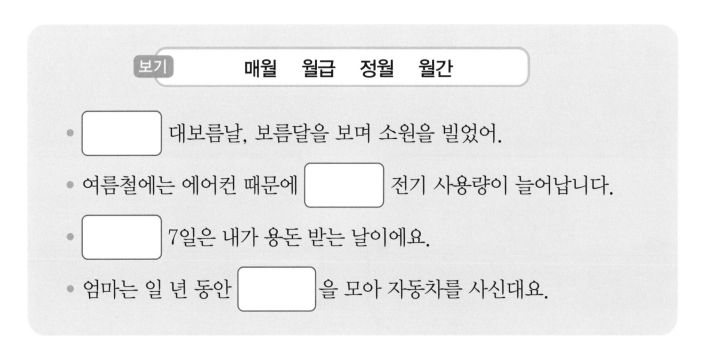

보기   매월   월급   정월   월간

- [   ] 대보름날, 보름달을 보며 소원을 빌었어.
- 여름철에는 에어컨 때문에 [   ] 전기 사용량이 늘어납니다.
- [   ] 7일은 내가 용돈 받는 날이에요.
- 엄마는 일 년 동안 [   ] 을 모아 자동차를 사신대요.

🖐 아래 글을 읽고 '달'의 뜻을 가진 '월'이 들어 있는 단어를 모두 찾아 ○표 하세요.

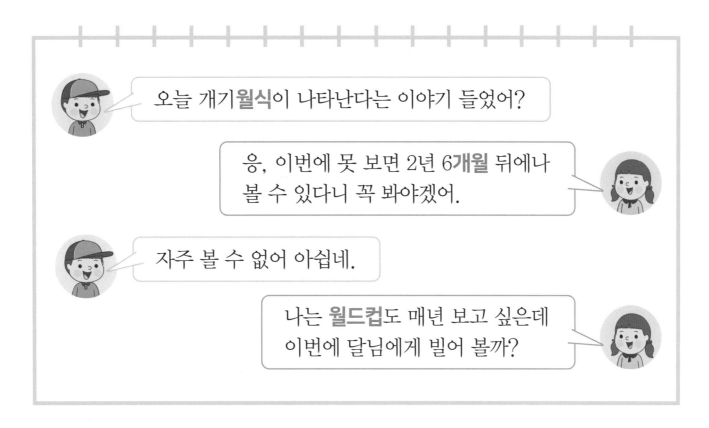

오늘 개기**월**식이 나타난다는 이야기 들었어?

응, 이번에 못 보면 2년 6**개월** 뒤에나 볼 수 있다니 꼭 봐야겠어.

자주 볼 수 없어 아쉽네.

나는 **월**드컵도 매년 보고 싶은데 이번에 달님에게 빌어 볼까?

🖐 달을 뜻하는 '월'이 들어간 단어를 모두 찾아 바구니에 연결해 보세요.

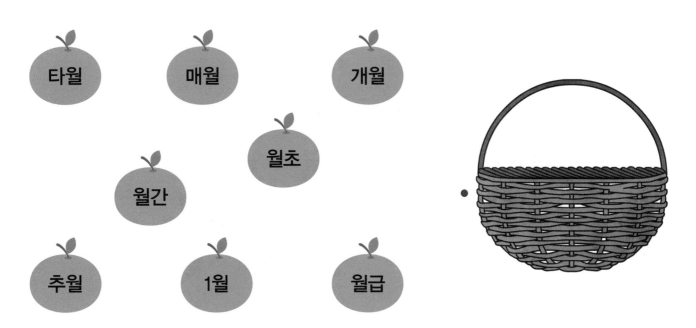

타월

매월

개월

월초

월간

추월

1월

월급

불화

불	화	火
뜻	소리	한자

'불'과 관련된 단어에 쓰이고 '화'라고
읽어요.
한자 화(火)는 불의 모습을 닮았어요.

불화	불화

• 흐린 글자를 따라 써요.

1 글자 만나기

👆 아래 단어에 공통으로 들어가는 글자를 찾아
○표 하고, 왼쪽의 빈칸에 써 보세요.

화재
불로 인한 재난

화산
땅속 마그마가
불길처럼 솟아올라
생긴 산

화상
불이나 뜨거운 것에
데인 상처

소화
불을 끔.

🖊 '불'의 뜻이 있는 '화'가 들어간 단어들입니다.
'화'를 찾아 ○표 하고, 단어의 뜻을 알아보세요.

화재경보기

불이 난 것을 알려 주는 장치

화재 예방

불이 나지 않게 미리 막는 일

화산섬

화산 활동으로 만들어진 섬

화산재

화산에서 분출된 작은 알갱이

방화복

불의 피해를 막기 위해 입는 옷

화상자

불에 데어 상처를 입은 사람

소화기

불을 끄는 기구

소화전

불을 끄기 위해 수도관에 연결하여
물이 나오는 시설

3 뜻 익히기

🖊 빈 곳에 알맞은 글자와 단어를 쓰고, 설명 글에서 글자의 뜻을 찾아 ○표 하세요.

화재		불로 인한 재난
산		땅 속 깊은 곳 마그마가 불길처럼 땅 위로 솟아올라 생기는 산
상		불이나 뜨거운 것에 데인 상처
소		불을 끔.

🖊 오늘 배운 단어를 넣어 문장을 만들어 보세요.

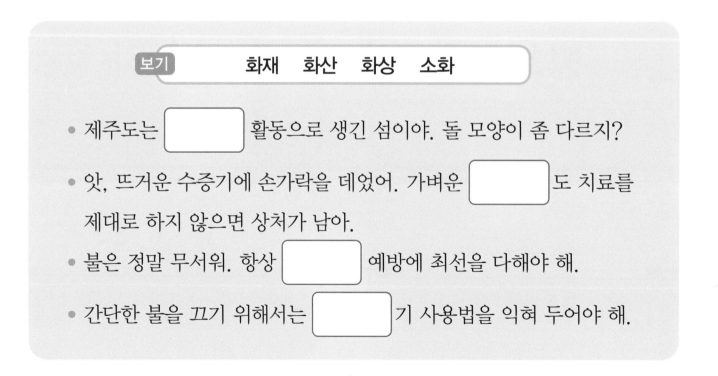

보기   화재   화산   화상   소화

• 제주도는 [   ] 활동으로 생긴 섬이야. 돌 모양이 좀 다르지?

• 앗, 뜨거운 수증기에 손가락을 데었어. 가벼운 [   ] 도 치료를 제대로 하지 않으면 상처가 남아.

• 불은 정말 무서워. 항상 [   ] 예방에 최선을 다해야 해.

• 간단한 불을 끄기 위해서는 [   ] 기 사용법을 익혀 두어야 해.

4 어휘 늘리기

🖊 아래 글을 읽고 '불'의 뜻을 가진 '화'가 들어 있는 단어를 모두 찾아 ○표 하세요.

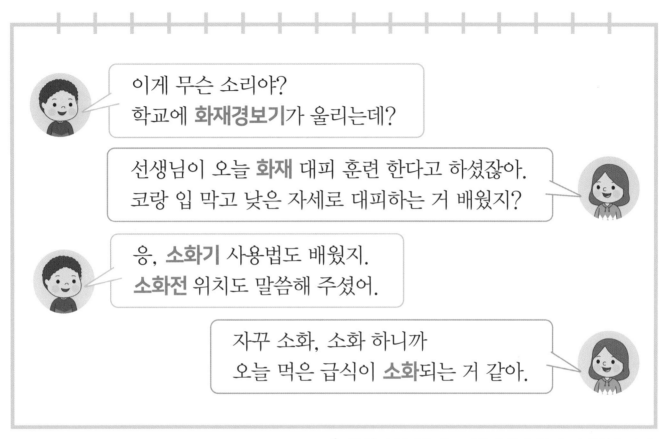

이게 무슨 소리야?
학교에 **화재경보기**가 울리는데?

선생님이 오늘 **화재** 대피 훈련 한다고 하셨잖아.
코랑 입 막고 낮은 자세로 대피하는 거 배웠지?

응, **소화기** 사용법도 배웠지.
소화전 위치도 말씀해 주셨어.

자꾸 소화, 소화 하니까
오늘 먹은 급식이 **소화**되는 거 같아.

✏ 음식이 '소화'되는 것은 '불'의 뜻과 관계없습니다.

🖊 아래의 글자로 '불'의 뜻이 들어 있는 단어 4개를 만들어 보세요.

소 동 재 장실

전 산

대 화 상

소화 화산 ⬜ ⬜

물 수

물	수	水
뜻	소리	한자

'물'과 관련된 단어에 쓰이고 '수'라고
읽어요.
한자 수(水)는 흐르는 물을 닮았어요.

물 수	물 수

• 흐린 글자를 따라 써요.

1 글자 만나기

✍ 아래 단어에 공통으로 들어가는 글자를 찾아
○표 하고, 왼쪽의 빈칸에 써 보세요.

수영
물속에서 헤엄치는
일

강수
비, 눈, 우박, 안개 등
땅에 내린 물

생수
샘구멍에서 솟아나는
맑은 물

수도
마시거나 사용할
물을 보내 주는 시설

 '물'의 뜻이 있는 '수'가 들어간 단어들입니다.
'수'를 찾아 ○표 하고, 단어의 뜻을 알아보세요.

수영복

수영할 때 입는 옷

수영장

수영을 할 수 있는 곳

홍수

비가 많이 와서 강이나 개천에
갑자기 크게 불은 물

강수량

일정 기간 동안 일정한 곳에
내리는 물의 양

생수병

생수가 담긴 병

수증기

기체 상태로 되어 있는 물

수도꼭지

수돗물을 나오게 하거나
멈추게 하는 장치

수도관

수돗물이 흘러가는 관

3 뜻 익히기

✏️ 빈 곳에 알맞은 글자와 단어를 쓰고, 설명 글에서 글자의 뜻을 찾아 〇표 하세요.

	수영		물속에서 헤엄치는 일
	강		비, 눈, 우박, 안개 등 땅에 내린 물
	생		샘구멍에서 솟아나는 맑은 물
	도		마시거나 사용할 물을 보내 주는 시설

✏️ 오늘 배운 단어를 넣어 문장을 만들어 보세요.

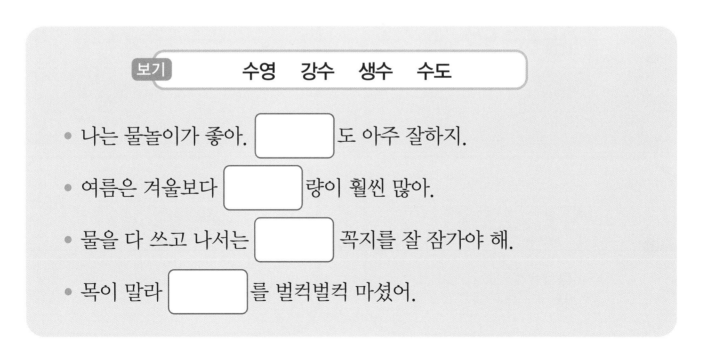

보기 수영 강수 생수 수도

• 나는 물놀이가 좋아. ☐ 도 아주 잘하지.

• 여름은 겨울보다 ☐ 량이 훨씬 많아.

• 물을 다 쓰고 나서는 ☐ 꼭지를 잘 잠가야 해.

• 목이 말라 ☐ 를 벌컥벌컥 마셨어.

💧 아래 글을 읽고 '물'의 뜻을 가진 '수'가 들어 있는 단어를 모두 찾아 ◯표 하세요.

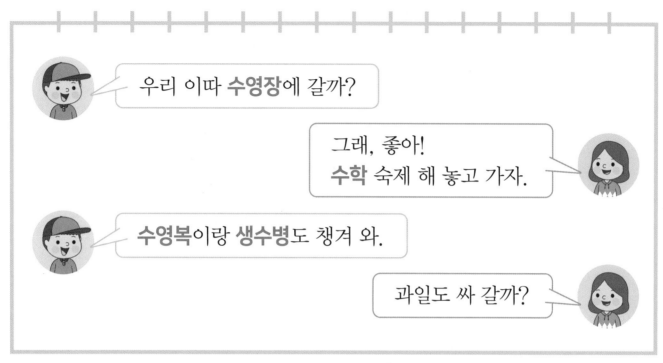

> 우리 이따 **수영장**에 갈까?
>
> 그래, 좋아!
> **수학** 숙제 해 놓고 가자.
>
> **수영복**이랑 **생수병**도 챙겨 와.
>
> 과일도 싸 갈까?

✏️ '수학'은 수와 공간을 배우는 과목입니다.

💧 빈칸에 알맞은 단어를 써넣어 끝말잇기를 해 보세요.

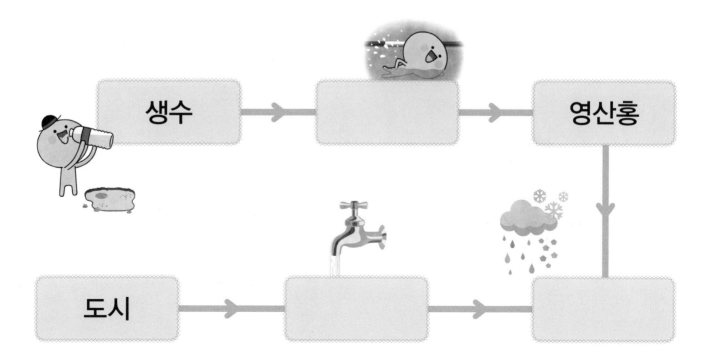

생수 → ⬜ → 영산홍

도시 → ⬜ → ⬜

나무 목

아래 단어에 공통으로 들어가는 글자를 찾아 ○표 하고, 왼쪽의 빈칸에 써 보세요.

나무	목	木
뜻	소리	한자

'나무'와 관련된 단어에 쓰이고 '목'이라고 읽어요.
한자 목(木)은 뿌리 내린 나무를 닮았어요.

나무 목	나무 목

· 흐린 글자를 따라 써요.

식목일

나무를 많이 심고 가꾸도록 정한 날

원목

베어 낸 그대로의 나무

교목

학교를 상징하는 나무

목공

나무로 물건을 만드는 일

'나무'의 뜻이 있는 '목'이 들어간 단어들입니다.
'목'을 찾아 ○표 하고, 단어의 뜻을 알아보세요.

묘목
옮겨심기하는 어린 나무

수목원
여러 가지 나무와 식물을 가꾸는 곳

벌목
나무를 베는 일

고목
오래된 나무

목마
나무를 깎아 만든 말

버팀목
무엇이 쓰러지지 않도록
받치는 나무

목수
나무로 물건을 만드는 사람

목재
집을 짓거나 가구를 만드는 데
쓰는 나무 재료

💿 빈 곳에 알맞은 글자와 단어를 쓰고, 설명 글에서 글자의 뜻을 찾아 ○표 하세요.

		설명
식목일		나무를 많이 심고 가꾸도록 정한 날
원		베어 낸 그대로의 나무
교		학교를 상징하는 나무
공		나무로 물건을 만드는 일

💿 오늘 배운 단어를 넣어 문장을 만들어 보세요.

보기   식목일   원목   교목   목공

• 우리 학교를 상징하는 [   ] 은 느티나무야.

• 나뭇결이 선명하게 보이는 [   ] 탁자가 참 예뻤다.

• 오늘이 [   ] 이니 작은 꽃이라도 심어 볼까?

• [   ] 기술을 배워서 나만의 가구를 만들어 보고 싶어.

🖐 아래 글을 읽고 '나무'의 뜻을 가진 '목'이 들어 있는 단어를 모두 찾아 ○표 하세요.

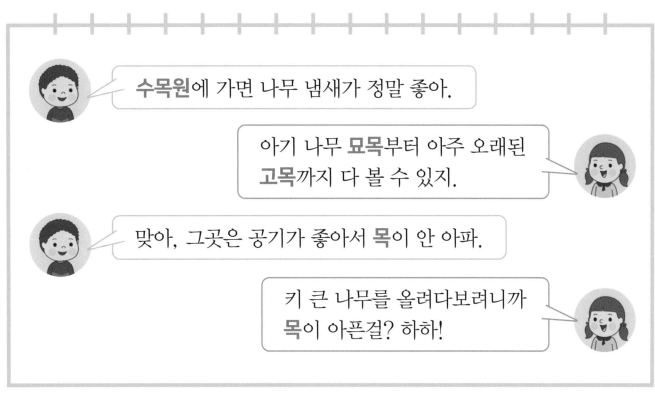

수목원에 가면 나무 냄새가 정말 좋아.

아기 나무 묘목부터 아주 오래된 고목까지 다 볼 수 있지.

맞아, 그곳은 공기가 좋아서 목이 안 아파.

키 큰 나무를 올려다보려니까 목이 아픈걸? 하하!

✏ 우리 몸의 '목'은 순우리말입니다.

🖐 '나무'의 뜻을 가지고 있는 '목'에 ○표, '나무'의 뜻이 아닌 '목'에 ✗표 하세요.

교목   목공   골목

원목   손목   식목일

수목원   목마   벌목

쇠 금

쇠	금	金
뜻	소리	한자

'쇠', '돈'과 관련된 단어에 쓰이고
'금'이라고 읽어요.
한자 금(金)에서 금속을 만드는 기구를
연상할 수도 있어요.

쇠 금	쇠 금

• 흐린 글자를 따라 써요.

1 글자 만나기

🖊 아래 단어에 공통으로 들어가는 글자를 찾아
○표 하고, 왼쪽의 빈칸에 써 보세요.

저금

돈을 모아 둠.

현금

현재 가지고 있는
지폐나 동전 같은 돈

금색

금처럼 누렇고
반짝이는 색

금속

광택이 있는 단단한
쇠붙이

✍ '쇠', '돈'의 뜻이 있는 '금'이 들어간 단어들입니다.
'금'을 찾아 ○표 하고, 단어의 뜻을 알아보세요.

저금통

돈을 모으는 통

적금

일정한 돈을 일정한 기간 동안 모음.

상금

상으로 주는 돈

벌금

규칙을 어겼을 때 벌로 내는 돈

금반지

금으로 만든 반지

황금

누런 빛의 금

금고

현금, 귀중한 물건을 넣어 두는 창고

금속공예

금속을 재료로 생활에 필요한
물건을 만드는 것

3 뜻 익히기

💧 빈 곳에 알맞은 글자와 단어를 쓰고, 설명 글에서 글자의 뜻을 찾아 ○표 하세요.

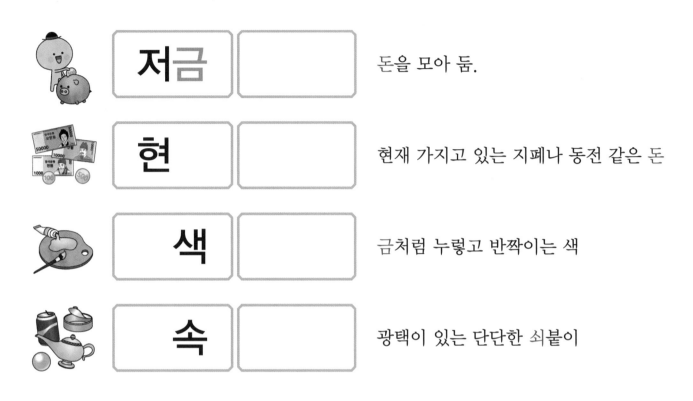

		설명
저금		돈을 모아 둠.
현		현재 가지고 있는 지폐나 동전 같은 돈
색		금처럼 누렇고 반짝이는 색
속		광택이 있는 단단한 쇠붙이

💧 오늘 배운 단어를 넣어 문장을 만들어 보세요.

보기   저금   현금   금색   금속

- [   ]은 단단하고 광택을 가지고 있는 물질입니다.

- 반짝반짝 빛나는 [   ] 장식품이 공간을 더욱 화려하게 만듭니다.

- 받은 용돈 중 일부는 꼭 [   ] 통에 넣어 둡니다.

- 요즘은 버스를 탈 때 [   ]이 아닌 카드를 사용합니다.

🖐 아래 글을 읽고 '쇠', '돈'의 뜻을 가진 '금'이 들어 있는 단어를 모두 찾아 ○표 하세요.

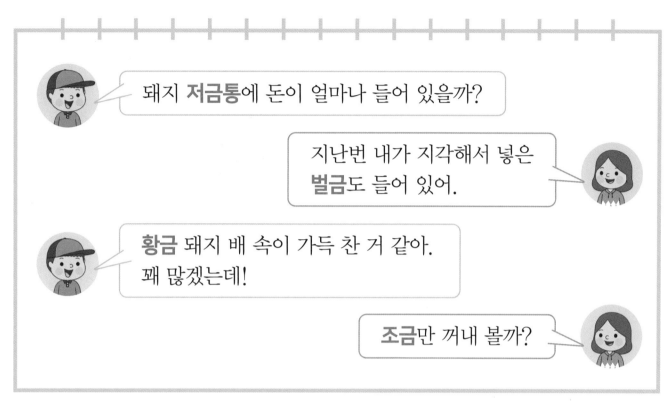

돼지 **저금통**에 돈이 얼마나 들어 있을까?

지난번 내가 지각해서 넣은 **벌금**도 들어 있어.

황금 돼지 배 속이 가득 찬 거 같아. 꽤 많겠는데!

조금만 꺼내 볼까?

✏ '조금'은 순우리말입니다.

🖐 오른쪽 뜻을 보고 초성에 맞는 단어를 적어 보세요.

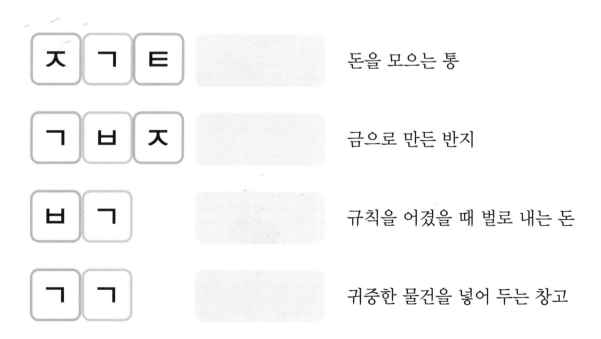

ㅈ ㄱ ㅌ		돈을 모으는 통
ㄱ ㅂ ㅈ		금으로 만든 반지
ㅂ ㄱ		규칙을 어겼을 때 벌로 내는 돈
ㄱ ㄱ		귀중한 물건을 넣어 두는 창고

흙 土

흙	토	土
뜻	소리	한자

'흙'과 관련된 단어에 쓰이고 '토'라고 읽어요.
한자 토(土)는 흙이 뭉친 모양 같아요.

흙 토	흙 토

• 흐린 글자를 따라 써요.

아래 단어에 공통으로 들어가는 글자를 찾아 ○표 하고, 왼쪽의 빈칸에 써 보세요.

토기
흙으로 만든 그릇

국토
한 나라의 땅

점토
부드럽고 차진 흙

토양
식물을 자라게 할 수 있는 흙

💫 '흙'의 뜻이 있는 '토'가 들어간 단어들입니다.
'토'를 찾아 ○표 하고, 단어의 뜻을 알아보세요.

빗살무늬토기
빗살이 새겨진 신석기 시대 흙그릇

토굴
땅을 파서 만든 굴

영토
한 나라의 땅

토지
사람의 생활에 이용하는 땅

지점토
종이와 찰흙을 섞어 만든 재료

황토
누렇고 거무스름한 흙

토양오염
자연에 해로운 물질로 땅이
더러워지는 일

토박이
대대로 그 땅에서 태어나
오래도록 사는 사람

3 뜻 익히기

🖋 빈 곳에 알맞은 글자와 단어를 쓰고, 설명 글에서 글자의 뜻을 찾아 ○표 하세요.

	토기		흙으로 만든 그릇
	국		한 나라의 땅
	점		부드럽고 차진 흙
	양		식물을 자라게 할 수 있는 흙

🖋 오늘 배운 단어를 넣어 문장을 만들어 보세요.

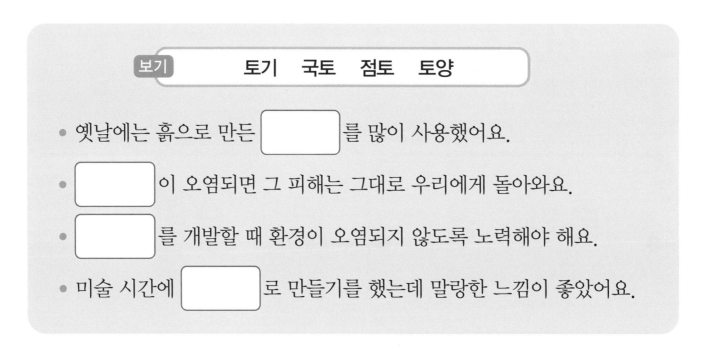

보기   토기   국토   점토   토양

• 옛날에는 흙으로 만든 ☐ 를 많이 사용했어요.

• ☐ 이 오염되면 그 피해는 그대로 우리에게 돌아와요.

• ☐ 를 개발할 때 환경이 오염되지 않도록 노력해야 해요.

• 미술 시간에 ☐ 로 만들기를 했는데 말랑한 느낌이 좋았어요.

◎ 아래 글을 읽고 '흙'의 뜻을 가진 '토'가 들어 있는 단어를 모두 찾아 ○표 하세요.

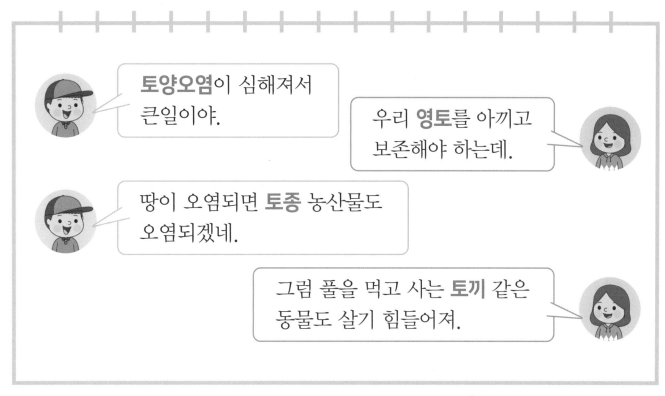

토양오염이 심해져서 큰일이야.

우리 **영토**를 아끼고 보존해야 하는데.

땅이 오염되면 **토종** 농산물도 오염되겠네.

그럼 풀을 먹고 사는 **토끼** 같은 동물도 살기 힘들어져.

✎ **토종**: 본디부터 그 땅에서 나는 씨앗

◎ 아래의 글자로 '흙'의 뜻이 있는 단어 4개를 만들어 적어 보세요.

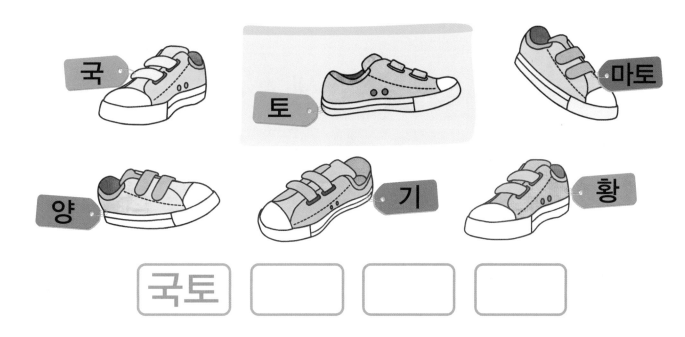

국 토 마토

양 기 황

국토

복습 놀이

글자 퍼즐 속에서 보기의 단어를 찾아 ○표 하고, 뜻을 말해 보세요.

보기

강수 국토 토양오염 일기 금속 목마 생수
수도 원목 월간 소화 화재 일몰 상금 휴일

강	수	아	가	일	기	소	목
산	한	수	국	운	월	기	마
휴	일	다	토	양	오	염	태
양	몰	토	명	수	마	차	금
화	정	상	금	영	우	상	속
재	오	심	공	생	수	나	동
인	항	월	간	부	도	정	여
소	화	청	하	자	열	원	목

수

다음 글자가 들어가는 단어에는 무엇이 있을까요?
또박또박 읽으면서 떠올려 보세요.

한일   석삼   넉사

다섯오   열십

일백백   일천천   일만만

한 일

한 일 一

| 뜻 | 소리 | 한자 |

'하나'(1)와 관련된 단어에 쓰이고
'일'이라고 읽어요.
한자 일(一)은 막대기 하나를 눕혀 놓은
모양 같아요.

한 일 한 일

• 흐린 글자를 따라 써요.

1 글자 만나기

아래 단어에 공통으로 들어가는 글자를 찾아
○표 하고, 왼쪽의 빈칸에 써 보세요.

일주일

월요일부터
일요일까지 한 주일

일회용

한 번만 쓰고 버림.

일정

어떤 것의 크기, 모양,
범위, 시간 따위가
하나로 정해져 있음.

일부

한 부분, 또는
전체 중에서 얼마

✎ '일주일'에서 뒤의 '일'은 '한 일'이 아닌 '날 일'인 것에 유의하세요.

'하나'의 뜻이 있는 '일'이 들어간 단어들입니다.
'일'을 찾아 ○표 하고, 단어의 뜻을 알아보세요.

일 년
12개월 동안의 한 해

일 학년
첫 번째 학년

일회용품
한 번만 쓰고 버리도록
만들어진 물건

일회성
단 한 번만 일어나는 성질

일정액
하나로 정해진 금액

일정량
하나로 정해진 분량

일부분
일부와 같은 단어. 한 부분

일부 지역
전체 중에서 어떤 한 지역

빈 곳에 알맞은 글자와 단어를 쓰고, 설명 글에서 글자의 뜻을 찾아 ○표 하세요.

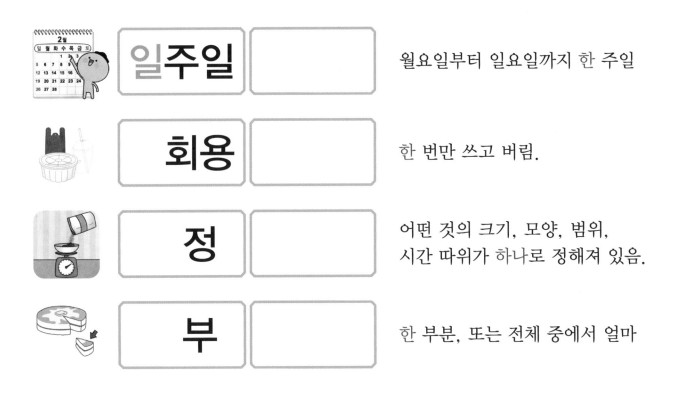

일주일		월요일부터 일요일까지 한 주일
회용		한 번만 쓰고 버림.
정		어떤 것의 크기, 모양, 범위, 시간 따위가 하나로 정해져 있음.
부		한 부분, 또는 전체 중에서 얼마

오늘 배운 단어를 넣어 문장을 만들어 보세요.

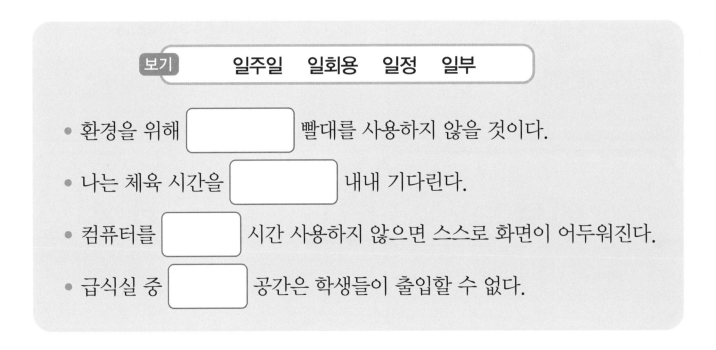

보기   일주일   일회용   일정   일부

• 환경을 위해 [   ] 빨대를 사용하지 않을 것이다.

• 나는 체육 시간을 [   ] 내내 기다린다.

• 컴퓨터를 [   ] 시간 사용하지 않으면 스스로 화면이 어두워진다.

• 급식실 중 [   ] 공간은 학생들이 출입할 수 없다.

4 어휘 늘리기

🖊 아래 글을 읽고 '하나'의 뜻을 가진 '일'이 들어 있는 단어를 모두 찾아 ○표 하세요.

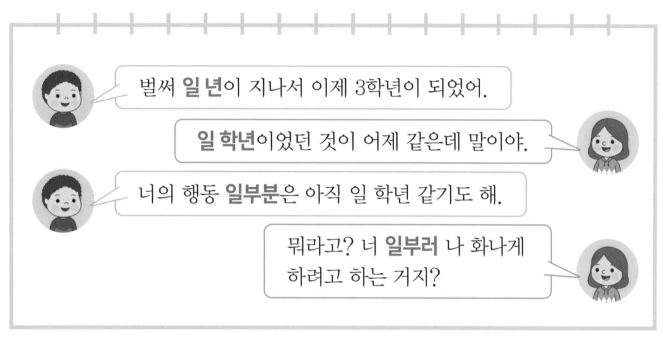

벌써 **일 년**이 지나서 이제 3학년이 되었어.

일 학년이었던 것이 어제 같은데 말이야.

너의 행동 **일부분**은 아직 일 학년 같기도 해.

뭐라고? 너 **일부러** 나 화나게 하려고 하는 거지?

✒ '일부러'는 순우리말입니다.

🖊 소리는 같지만 뜻이 다른 두 한자가 있어요. 단어를 알맞은 병에 연결하고 써 보세요.

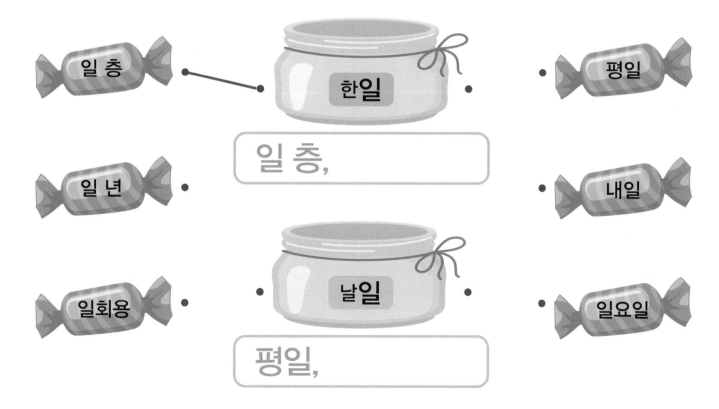

일 층

한일

평일

일 층,

일 년

내일

일회용

날일

일요일

평일,

석 삼

석	삼	三
뜻	소리	한자

'셋'(3)과 관련된 단어에 쓰이고 '삼'이라고 읽어요.
한자 삼(三)은 막대기 세 개를 눕혀 놓은 모양 같아요.

석 삼	석 삼

• 흐린 글자를 따라 써요.

1 글자 만나기

◎ 아래 단어에 공통으로 들어가는 글자를 찾아 ○표 하고, 왼쪽의 빈칸에 써 보세요.

삼각형

세 개의 각으로 이루어진 도형

삼일

3일, 세 번째 날

삼국지

중국의 위, 촉, 오 세 나라 이야기

삼총사

친하게 지내는 세 사람

✏️ '셋'의 뜻이 있는 '삼'이 들어간 단어들입니다.
'삼'을 찾아 ○표 하고, 단어의 뜻을 알아보세요.

삼각자

삼각형 모양의 자

직각삼각형

안쪽의 한 각이 직각인 삼각형

삼일운동

1919년 3월 1일 일어난 만세 운동

작심삼일

단단히 먹은 마음이 딱 3일 간다는 뜻

삼국시대

고구려, 백제, 신라
세 나라가 맞선 시대

삼거리

세 갈래로 나누어진 길

삼삼오오

서넛 또는 대여섯 사람이
무리 지어 다니는 모습

삼촌

아버지의 형제를 부르는 말,
나와의 촌수가 3촌

📝 빈 곳에 알맞은 글자와 단어를 쓰고, 설명 글에서 글자의 뜻을 찾아 ○표 하세요.

	삼각형		세 개의 각으로 이루어진 도형
	일		3일, 세 번째 날
	국지		중국의 위, 촉, 오 세 나라 이야기
	총사		친하게 지내는 세 사람

📝 오늘 배운 단어를 넣어 문장을 만들어 보세요.

보기   삼각형   삼일   삼국지   삼총사

• 나랑 준희, 상일이 이렇게 세 명은 우리 반 [   ]다.

• 열심히 공부하기로 결심한 지 [   ]째인데, 마음이 약해지고 있어.

• 수학 시간에 각도기로 [   ]의 각을 재 보았어.

• [   ]에 나오는 유비, 관우, 장비 이야기를 들어 보았니?
  세 나라의 이야기인데 재미있어.

🖊 아래 글을 읽고 '셋'의 뜻을 가진 '삼'이 들어 있는 단어를 모두 찾아 ○표 하세요.

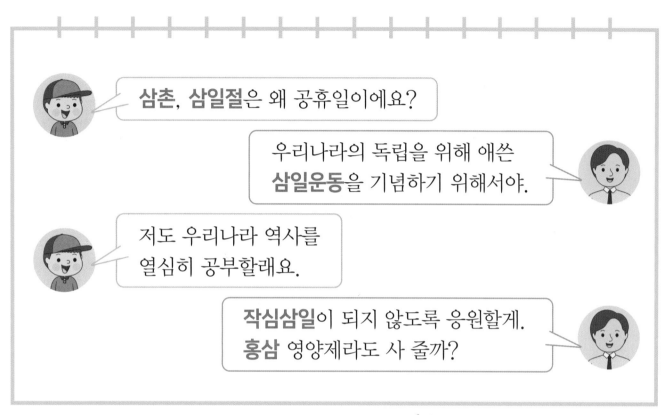

삼촌, 삼일절은 왜 공휴일이에요?

우리나라의 독립을 위해 애쓴 삼일운동을 기념하기 위해서야.

저도 우리나라 역사를 열심히 공부할래요.

작심삼일이 되지 않도록 응원할게. 홍삼 영양제라도 사 줄까?

✏ '홍삼'은 쪄서 말린 붉은 인삼입니다.

🖊 오른쪽 뜻을 보고 초성에 맞는 단어를 적어 보세요.

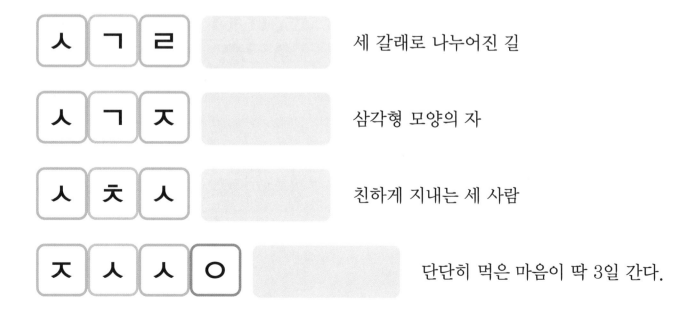

ㅅ ㄱ ㄹ		세 갈래로 나누어진 길
ㅅ ㄱ ㅈ		삼각형 모양의 자
ㅅ ㅊ ㅅ		친하게 지내는 세 사람
ㅈ ㅅ ㅅ ㅇ		단단히 먹은 마음이 딱 3일 간다.

넉 사

넉	사	四
뜻	소리	한자

'넷'(4)과 관련된 단어에 쓰이고 '사'라고
읽어요.
한자 사(四)는 막대기 네 개를 놓은
모습에서 바뀌어 왔어요.

넉 사	넉 사

• 흐린 글자를 따라 써요.

1 글자 만나기

✎ 아래 단어에 공통으로 들어가는 글자를 찾아
○표 하고, 왼쪽의 빈칸에 써 보세요.

사각형

네 개의 각으로
이루어진 도형

사방

동서남북의
네 가지 방향

사촌

부모님의 친형제자매의
아들이나 딸.
촌수로 4촌

사계절

봄, 여름, 가을,
겨울의 네 철

💧 '넷'의 뜻이 있는 '사'가 들어간 단어들입니다.
'사'를 찾아 ○표 하고, 단어의 뜻을 알아보세요.

정사각형

네 변의 길이와 네 각의 크기가
모두 같은 사각형

사각모

윗면이 사각인 모자

사방팔방

네 방향과 여덟 방향을 나타내는
말로 모든 방향을 의미

사방 천지

동서남북 네 방향과 하늘과 땅을
포함한 온 세상

이웃사촌

이웃에 살면서 정이 들어
사촌처럼 가까운 이웃

이종사촌

이모의 아들이나 딸.
촌수로 4촌

사시사철

사계절과 비슷한 단어로
봄, 여름, 가을, 겨울 네 계절 동안 내내

사대문

조선 시대 서울에 있던 네 개의 문

🖉 빈 곳에 알맞은 글자와 단어를 쓰고, 설명 글에서 글자의 뜻을 찾아 ○표 하세요.

	사각형		네 개의 각으로 이루어진 도형
	방		동서남북의 네 가지 방향
	촌		부모님의 친형제자매의 아들이나 딸. 촌수로 4촌
	계절		봄, 여름, 가을, 겨울의 네 철

🖉 오늘 배운 단어를 넣어 문장을 만들어 보세요.

보기   사각형   사방   사촌   사계절

• 너는 봄, 여름, 가을, 겨울, [   ] 중 어떤 계절이 가장 좋아?

• 네 개의 각으로 이루어진 도형을 [   ]이라고 한다.

• 높은 곳에 올라가면 동서남북 [   ]이 잘 보인다.

• 지난 주말에 [   ] 동생이 집에 놀러 왔다.

◐ 아래 글을 읽고 '넷'의 뜻을 가진 '사'가 들어 있는 단어를 모두 찾아 ○표 하세요.

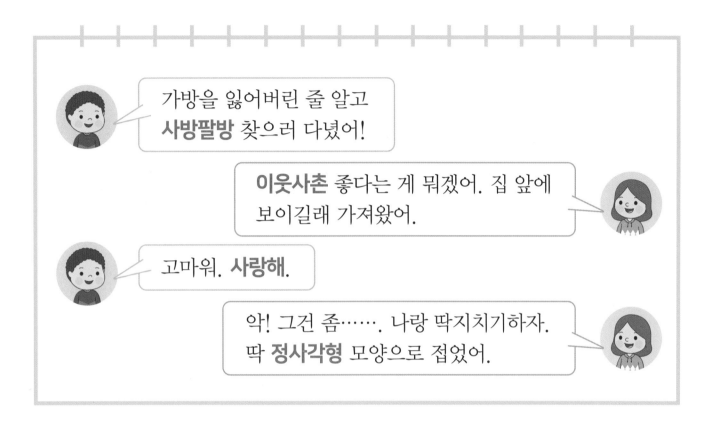

가방을 잃어버린 줄 알고 **사방팔방** 찾으러 다녔어!

이웃사촌 좋다는 게 뭐겠어. 집 앞에 보이길래 가져왔어.

고마워. **사랑해.**

악! 그건 좀……. 나랑 딱지치기하자. 딱 **정사각형** 모양으로 접었어.

◐ 초성 퀴즈의 빈칸에 알맞은 단어를 써 보세요.

ㅅ ㅂ 동서남북 네 가지 방향	ㅅ ㄷ ㅁ 네 개의 문	ㅅ ㅅ ㅅ ㅊ 봄, 여름, 가을, 겨울
사방		
	4	
ㅅ ㅇ 3월 다음 달	ㅅ ㅅ 십의 네 배가 되는 수	ㅅ ㄱ ㅎ 네 개의 각이 있는 도형

다섯 오

다섯 오 五

| 뜻 | 소리 | 한자 |

'다섯'(5)과 관련된 단어에 쓰이고 '오'라고
읽어요.
한자 오(五)는 막대기를 엇갈려 놓은 모양
같아요.

| 다섯 오 | 다섯 오 |

• 흐린 글자를 따라 써요.

1 글자 만나기

✏️ 아래 단어에 공통으로 들어가는 글자를 찾아
○표 하고, 왼쪽의 빈칸에 써 보세요.

오색

다섯 가지의 빛깔

오감

시각, 청각, 후각,
미각, 촉각의
다섯 가지 감각

오륜기

다섯 개의 고리를
겹쳐 놓은 올림픽
상징 깃발

오선

악보를 그리기 위해
가로로 그은 다섯 줄

🖋 '다섯'의 뜻이 있는 '오'가 들어간 단어들입니다.
'오'를 찾아 ○표 하고, 단어의 뜻을 알아보세요.

오색찬란

여러 가지 빛깔이 한데 어울려 화려함

오색구름

여러 가지 빛깔로 빛나는 구름

오각형

다섯 개의 각과 선분으로
둘러싸인 도형

오곡밥

다섯 가지 곡식을 섞어 지은 밥

오대양

지구를 둘러싼 다섯 개의 큰 바다

오목

다섯 개의 바둑돌을 잇따라
먼저 놓는 사람이 이기는 놀이

오선지

악보를 그릴 수 있도록
오선을 그은 종이

오미자

다섯 가지의 맛을 내는 열매

3 뜻 익히기

빈 곳에 알맞은 글자와 단어를 쓰고, 설명 글에서 글자의 뜻을 찾아 ◯표 하세요.

	오색		다섯 가지의 빛깔
	감		시각, 청각, 후각, 미각, 촉각의 다섯 가지 감각
	륜기		다섯 개의 고리를 겹쳐 놓은 올림픽 상징 깃발
	선		악보를 그리기 위해 가로로 그은 다섯 줄

오늘 배운 단어를 넣어 문장을 만들어 보세요.

보기   오색   오감   오륜기   오선

• 보고, 듣고, 맛보고, 냄새 맡고, 만져 보고 느끼는 다섯 가지 감각을
  [   ] 이라고 한다.

• 올림픽을 상징하는 다섯 개의 동그라미가 그려진 깃발 본 적 있지?
  그걸 [   ] 라고 해.

• [   ] 위에 높은음자리표와 음표가 그려져 있어.

• 가을 산에는 울긋불긋 물든 [   ] 단풍들이 무척 멋있다.

🌀 아래 글을 읽고 '다섯'의 뜻을 가진 '오'가 들어 있는 단어를 모두 찾아 ○표 하세요.

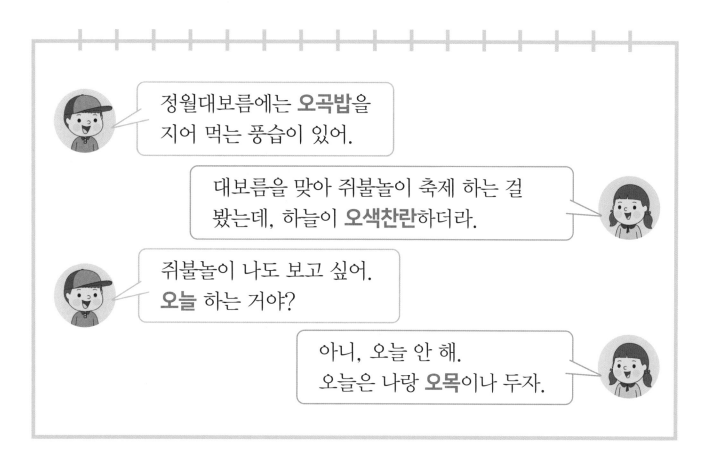

> 정월대보름에는 **오곡밥**을 지어 먹는 풍습이 있어.

> 대보름을 맞아 쥐불놀이 축제 하는 걸 봤는데, 하늘이 **오색찬란**하더라.

> 쥐불놀이 나도 보고 싶어. **오늘** 하는 거야?

> 아니, 오늘 안 해. 오늘은 나랑 **오목**이나 두자.

🌀 그림에 맞는 단어를 찾아 연결해 보세요.

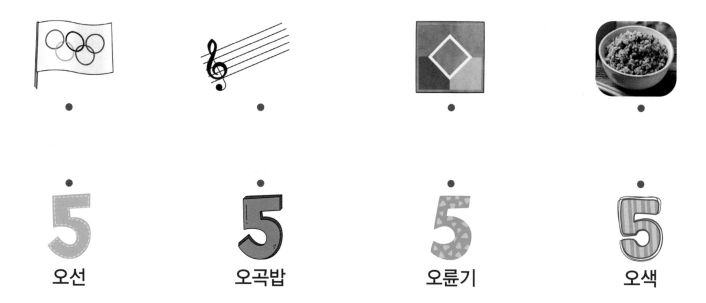

| 오선 | 오곡밥 | 오륜기 | 오색 |

열 십

열 십 十

뜻　소리　한자

'열'(10)과 관련된 단어에 쓰이고 '십'이라고 읽어요.
막대기를 세운 것으로 10을 나타내다가 가로획을 더해 한자 십(十)이 되었어요.

| 열 십 | 열 십 |

• 흐린 글자를 따라 써요.

1 글자 만나기

아래 단어에 공통으로 들어가는 글자를 찾아 ○표 하고, 왼쪽의 빈칸에 써 보세요.

십대
10세에서 19세까지를 일컫는 말

십자수
실을 십자(十) 모양으로 엇갈리게 놓는 수

십자가
십자(十) 모양의 표

십년감수
목숨이 십 년이나 줄어들 정도로 큰 위험을 겪음.

💧 '열'의 뜻이 있는 '십'이 들어간 단어들입니다.
'십'을 찾아 ○표 하고, 단어의 뜻을 알아보세요.

십진법

0부터 9까지 열 개의 숫자를 써서
수를 세는 방법

십진수

0부터 9까지의 숫자를 사용하여
십진법으로 나타낸 수

십이지신

땅을 지키는 열두 수호신

십장생

해, 산, 물, 돌 등
오래도록 살고 죽지 않는다는 열 가지

십자드라이버

나사를 조이거나 빼는 데 쓰는,
끝이 십자(十) 모양으로 생긴 연장

적십자

흰 바탕에 붉은색으로 그린 십자 모양

십년지기

십년 전부터 친한 사람,
오래 전부터 친한 사람

십중팔구

열 가운데 여덟이나 아홉,
즉 거의 대부분

3 뜻 익히기

💿 빈 곳에 알맞은 글자와 단어를 쓰고, 설명 글에서 글자의 뜻을 찾아 ○표 하세요.

십대		10세에서 19세까지를 일컫는 말
자수		실을 십자(十) 모양으로 엇갈리게 놓는 수
자가		십자(十) 모양의 표
년감수		목숨이 십 년이나 줄어들 정도로 큰 위험을 겪음.

💿 오늘 배운 단어를 넣어 문장을 만들어 보세요.

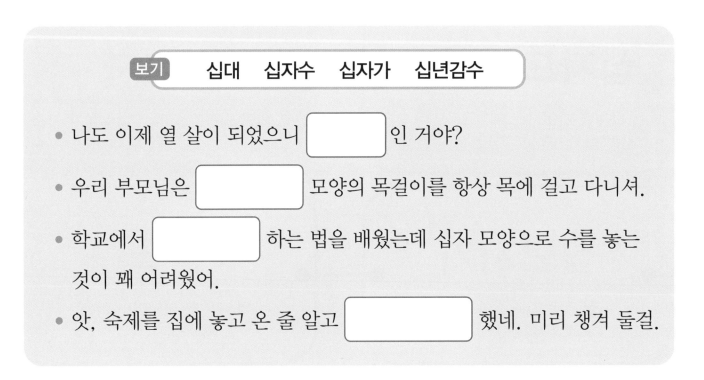

보기   십대   십자수   십자가   십년감수

• 나도 이제 열 살이 되었으니 [   ]인 거야?

• 우리 부모님은 [   ] 모양의 목걸이를 항상 목에 걸고 다니셔.

• 학교에서 [   ] 하는 법을 배웠는데 십자 모양으로 수를 놓는 것이 꽤 어려웠어.

• 앗, 숙제를 집에 놓고 온 줄 알고 [   ] 했네. 미리 챙겨 둘걸.

◐ 아래 글을 읽고 '열'의 뜻을 가진 '십'이 들어 있는 단어를 모두 찾아 ◯표 하세요.

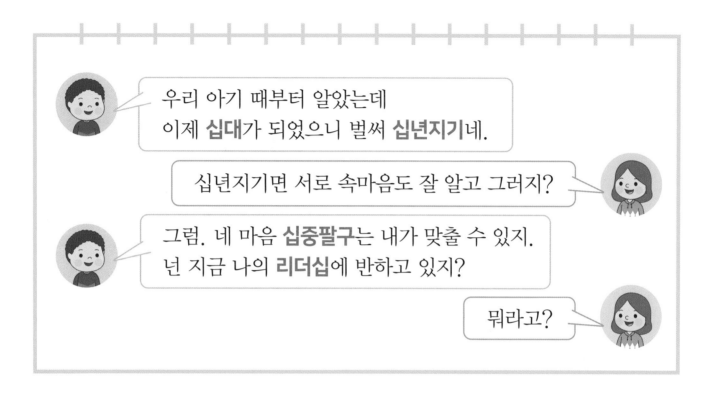

우리 아기 때부터 알았는데
이제 **십대**가 되었으니 벌써 **십년지기**네.

십년지기면 서로 속마음도 잘 알고 그러지?

그럼. 네 마음 **십중팔구**는 내가 맞출 수 있지.
넌 지금 나의 **리더십**에 반하고 있지?

뭐라고?

◐ 상자에서 숫자 10과 관련된 단어만 꺼내려고 합니다.
내가 꺼내야 하는 단어에 ◯표 하고 꺼낸 공의 수를 세어 보세요.

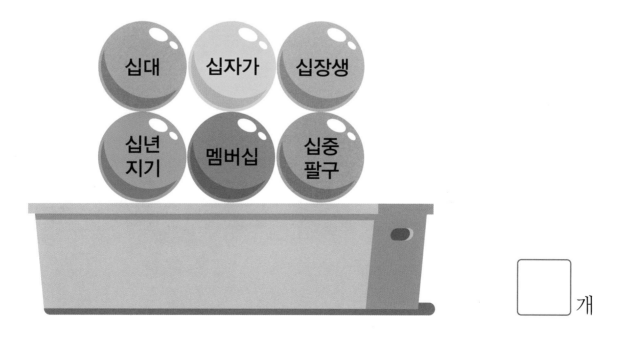

십대   십자가   십장생

십년지기   멤버십   십중팔구

개

일백 백

일백	백	百
뜻	소리	한자

숫자 '100', '많음'과 관련된 단어에 쓰이고 '백'이라고 읽어요.
지붕에 매달린 벌집의 모습에서 한자 백(百)이 되었어요.

일백 백	일백 백

• 흐린 글자를 따라 써요.

1 글자 만나기

아래 단어에 공통으로 들어가는 글자를 찾아 ○표 하고, 왼쪽의 빈칸에 써 보세요.

백과

많은 과목

백화점

많은 물건을 놓고 파는 상점

백일

아이가 태어난 지 100일째 되는 날

수백

100이 여러 개인 수

💫 숫자 '100', '많음'의 뜻이 있는 '백'이 들어간 단어들입니다.
　'백'을 찾아 ◯표 하고, 단어의 뜻을 알아보세요.

백과사전

모든 분야에 관한 지식을
설명해 놓은 책

오곡백과

다섯 가지 곡식과 100가지 과일,
즉 온갖 곡식과 과일

백분율

전체 100 중에 차지하는 비율

백만장자

재산이 아주 많은 사람

백 년

100년

백 점

100점

수백만

100만이 여러 개인 수

백발백중

100번 쏘아 100번 맞힌다는 뜻,
무슨 일이든지 틀림 없이 잘 맞음.

🖐 빈 곳에 알맞은 글자와 단어를 쓰고, 설명 글에서 글자의 뜻을 찾아 ○표 하세요.

	백과		많은 과목
	화점		많은 물건을 놓고 파는 상점
	일		아이가 태어난 지 100일째 되는 날
	수		100이 여러 개인 수

🖐 오늘 배운 단어를 넣어 문장을 만들어 보세요.

> 보기   백과   백화점   백일   수백

- 오늘 강당에 우리 학교 학생들 [   ] 명이 모여서 공연을 관람했다.

- 아이가 태어난 지 [   ] 이 되면 함께 기념하고 축하해 준다.

- [   ] 에 가면 다양한 종류의 물건을 볼 수 있다.

- 요즘 공룡에 관심이 많아져 공룡 [   ] 사전을 자주 보고 있다.

🐚 아래 글을 읽고 숫자 '100', '많은'의 뜻을 가진 '백'이 들어 있는 단어를 모두 찾아 ○표 하세요.

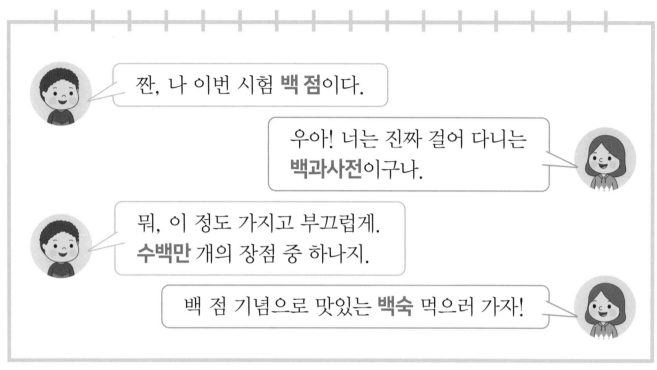

> 짠, 나 이번 시험 **백** 점이다.

> 우아! 너는 진짜 걸어 다니는 **백과사전**이구나.

> 뭐, 이 정도 가지고 부끄럽게. **수백만** 개의 장점 중 하나지.

> 백 점 기념으로 맛있는 **백숙** 먹으러 가자!

✏️ '백숙'의 '백'은 숫자 '100'이 아닌 '흰색'을 뜻합니다.

🐚 '백, 백, 백자로 시작하는 말은?' 노래에 맞춰 단어를 말하고 써 보세요.

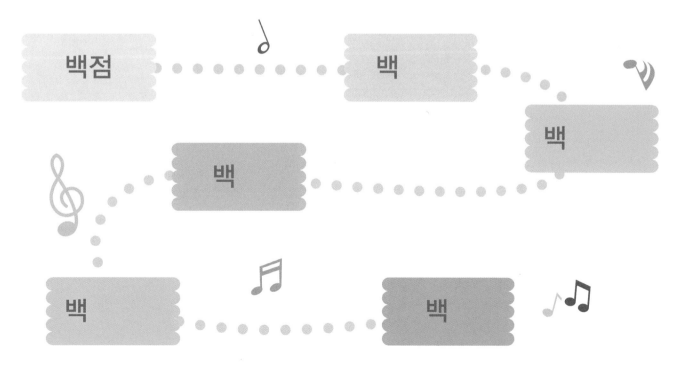

백점 ・・・ 백 ・・・ 백 ・・・ 백 ・・・ 백 ・・・ 백

일천 천

일천	천	千
뜻	소리	한자

숫자 '1000', '많음'과 관련된 단어에
쓰이고 '천'이라고 읽어요.
사람의 수를 나타내기 위해 만든 글자의
모양이 한자 천(千)이 되었어요.

일천 천	일천 천

• 흐린 글자를 따라 써요.

🖐 아래 단어에 공통으로 들어가는 글자를 찾아
○표 하고, 왼쪽의 빈칸에 써 보세요.

수천
1000이 여러 개인 수

천만다행
아주 다행임.

천 리
거리를 나타내는 옛날
단위로, 1000리는
아주 먼 거리

천자문
1000자로 이루어진
한자 교재

🔵 숫자 '1000', '많음'의 뜻이 있는 '천'이 들어간 단어들입니다.
'천'을 찾아 ○표 하고, 단어의 뜻을 알아보세요.

수천만
1000만이 여러 개인 수

일확천금
단번에 많은 재물을 얻음.

천만에
전혀 그렇지 않다.

천만년
아주 오랜 세월

일사천리
강물이 빨리 흘러 1000리를
간다는 뜻으로, 거침없이 진행됨.

천리마
하루에 1000리를 갈 수 있는 좋은 말

천차만별
1000개의 차이, 만 개의 다름.
모두 다 다르다는 뜻.

천신만고
1000개의 매움, 만 개의 고통.
온갖 어려운 고비를 겪고 고생함.

✍️ 빈 곳에 알맞은 글자와 단어를 쓰고, 설명 글에서 글자의 뜻을 찾아 ○표 하세요.

수천		1000이 여러 개인 수
만다행		아주 다행임.
리		거리를 나타내는 옛날 단위로, 1000리는 아주 먼 거리
자문		1000자로 이루어진 한자 교재

✍️ 오늘 배운 단어를 넣어 문장을 만들어 보세요.

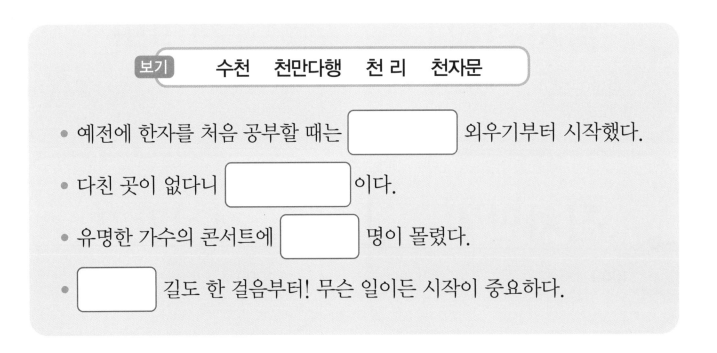

보기   수천   천만다행   천 리   천자문

• 예전에 한자를 처음 공부할 때는 [   ] 외우기부터 시작했다.

• 다친 곳이 없다니 [   ]이다.

• 유명한 가수의 콘서트에 [   ] 명이 몰렸다.

• [   ] 길도 한 걸음부터! 무슨 일이든 시작이 중요하다.

4 어휘 늘리기

✍️ 아래 글을 읽고 숫자 '1000', '많은'의 뜻을 가진 '천'이 들어 있는 단어를 모두 찾아 ○표 하세요.

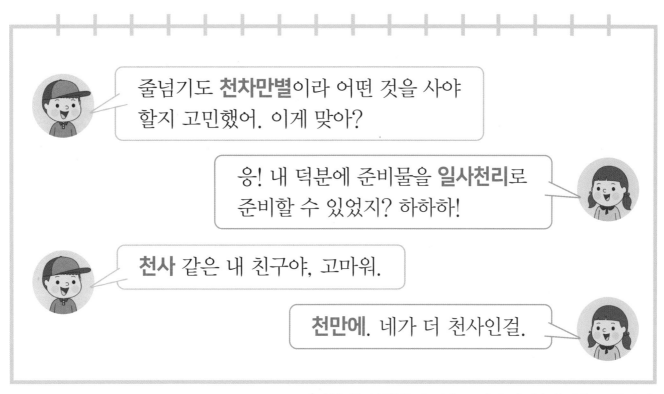

줄넘기도 **천차만별**이라 어떤 것을 사야 할지 고민했어. 이게 맞아?

응! 내 덕분에 준비물을 **일사천리**로 준비할 수 있었지? 하하하!

천사 같은 내 친구야, 고마워.

천만에. 네가 더 천사인걸.

✎ '천사'의 '천'은 숫자 '1000'이 아닌 '하늘'을 뜻합니다.

✍️ 숫자 '1000'과 관련된 단어에 적힌 숫자를 작은 수부터 누르면 자물쇠가 열린대요.
비밀번호는 무엇일까요?

7 천리마		6 천천히
3 개천		9 천만 년
4 천 년 동안		1 일확천금

일만 만

일만	만	萬
뜻	소리	한자

숫자 '10000', '모든'과 관련된 단어에 쓰이고 '만'이라고 읽어요.
전갈을 본떠 만든 글자가 나중에 한자 만(萬)으로 변했어요.

일만 만	일만 만

• 흐린 글자를 따라 써요.

1 글자 만나기

아래 단어에 공통으로 들어가는 글자를 찾아 ○표 하고, 왼쪽의 빈칸에 써 보세요.

만능
모든 일을 다 능숙하게 할 수 있음.

만일
만일
만 가운데 하나 정도로 아주 적은 양

만년필
만 년 동안, 즉 아주 오래 쓸 수 있는 펜

만물
만 가지 물건, 세상의 모든 물건

숫자 '10000', '모든'의 뜻이 있는 '만'이 들어간 단어들입니다.
'만'을 찾아 ○표 하고, 단어의 뜻을 알아보세요.

만능열쇠

모든 것을 열 수 있는 열쇠

만감

모든 감정

만약

만 가운데 하나 정도로 있을지 모르는
뜻밖의 경우

만에 하나

만 가운데 하나 정도

만보기

걸음 수를 측정하는 기계로,
만 보는 많은 걸음을 의미

만년설

만 년 동안, 즉 아주 오랜 시간
동안 녹지 않는 눈

만물박사

모든 방면에 있어 지식을
가지고 있는 사람

만물상

생활에 필요한 모든 물건을
파는 가게

📝 빈 곳에 알맞은 글자와 단어를 쓰고, 설명 글에서 글자의 뜻을 찾아 ○표 하세요.

만능		모든 일을 다 능숙하게 할 수 있음.
일		만 가운데 하나 정도로 아주 적은 양
년필		만 년 동안, 즉 아주 오래 쓸 수 있는 펜
물		만 가지 물건, 세상의 모든 물건

📝 오늘 배운 단어를 넣어 문장을 만들어 보세요.

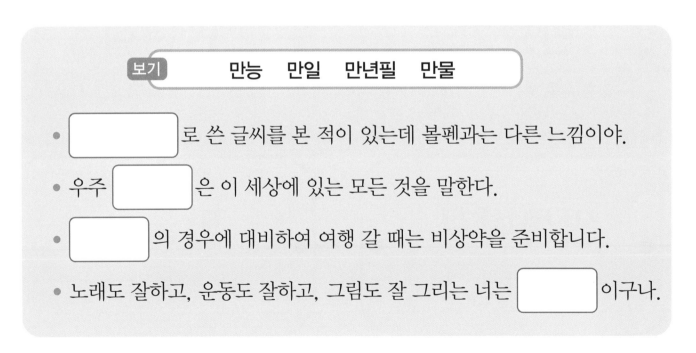

보기   만능   만일   만년필   만물

• [   ]로 쓴 글씨를 본 적이 있는데 볼펜과는 다른 느낌이야.

• 우주 [   ]은 이 세상에 있는 모든 것을 말한다.

• [   ]의 경우에 대비하여 여행 갈 때는 비상약을 준비합니다.

• 노래도 잘하고, 운동도 잘하고, 그림도 잘 그리는 너는 [   ]이구나.

◎ 아래 글을 읽고 숫자 '10000', '모든'의 뜻을 가진 '만'이 들어 있는 단어를 모두 찾아 ○표 하세요.

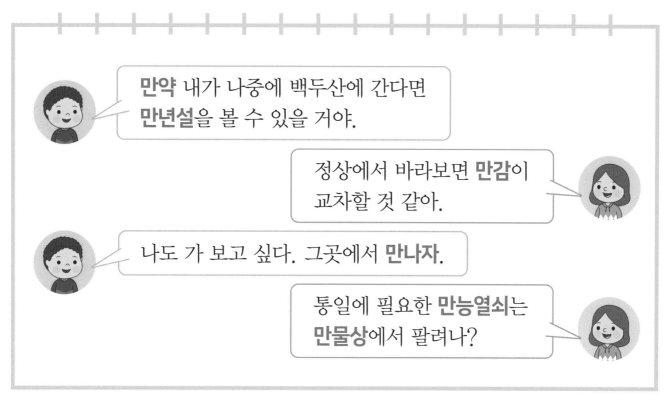

만약 내가 나중에 백두산에 간다면 **만년설**을 볼 수 있을 거야.

정상에서 바라보면 **만감**이 교차할 것 같아.

나도 가 보고 싶다. 그곳에서 **만나자**.

통일에 필요한 **만능열쇠**는 **만물상**에서 팔려나?

✎ '만나자'는 순우리말입니다.

◎ '만'과 아래의 글자를 연결해, 숫자 '10000', '모든'의 뜻이 들어 있는 단어 4개를 만들어 보세요.

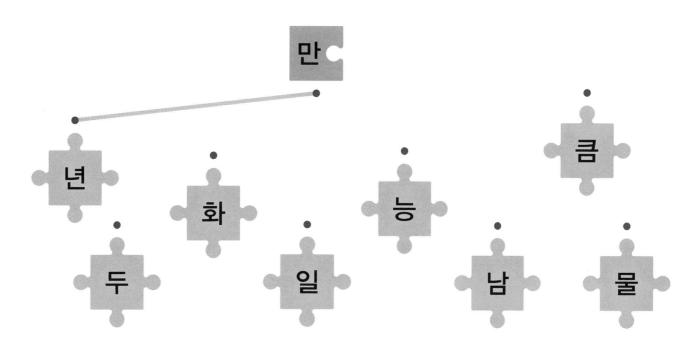

만

년

화

두

일

능

남

큼

물

복습 놀이

각 숫자를 의미하는 한자가 들어간 단어를 보기 에서 찾아 쓰고, 나머지 빈칸도 채워 보세요.

보기
직사각형　만능　사방　십대　오색　십자가　천만에　오감
백과　백점　만물　삼총사　삼삼오오　천년　일회용　일 년

1　| 일 년 |　|　|　|

3　|　|　|　|　|

4　|　|　|　|　|

5　|　|　|　|　|

10　|　|　|　|

100　|　|　|　|

1000　|　|　|　|

10000　|　|　|　|

70

3 방향

다음 글자가 들어가는 단어에는 무엇이 있을까요?
또박또박 읽으면서 떠올려 보세요.

동녘 **동**

서녘 **서**

남녘 **남**

북녘 **북**

바깥 **외**

가운데 **중**

안 **내**

동녘 동

동녘 동 東

| 뜻 | 소리 | 한자 |

'동쪽'과 관련된 단어에 쓰이고 '동'이라고 읽어요.
보따리 모양을 닮은 글자에 '동쪽'이라는 뜻이 담겨 한자 동(東)이 되었어요.

| 동녘 동 | 동녘 동 |

• 흐린 글자를 따라 써요.

1 글자 만나기

🖊 아래 단어에 공통으로 들어가는 글자를 찾아 ○표 하고, 왼쪽의 빈칸에 써 보세요.

동양
아시아의 동쪽 지역

동풍
동쪽에서 불어오는 바람

동서
동쪽과 서쪽

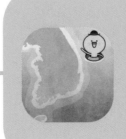

동해
동쪽 바다

📎 '동쪽'의 뜻이 있는 '동'이 들어간 단어들입니다.
'동'을 찾아 ○표 하고, 단어의 뜻을 알아보세요.

동양인

동양 사람

동양화

우리나라, 중국, 일본 등
동양에서 발달해 온 그림

마이동풍

동풍이 말의 귀를 스쳐 지나간다는
뜻으로, 남의 말을 귀담아 듣지 않음.

남동풍

남쪽과 동쪽 사이에서 불어오는 바람

동분서주

동쪽으로 뛰고 서쪽으로 뛴다는 뜻으로,
매우 바쁘게 돌아다님.

동문서답

동쪽에서 물었는데 서쪽에서 대답한다는
뜻으로, 질문과 상관없는 엉뚱한 대답

동해안

동쪽에 있는 해안

3 뜻 익히기

📝 빈 곳에 알맞은 글자와 단어를 쓰고, 설명 글에서 글자의 뜻을 찾아 ○표 하세요.

		설명
동양		아시아의 동쪽 지역
풍		동쪽에서 불어오는 바람
서		동쪽과 서쪽
해		동쪽 바다

📝 오늘 배운 단어를 넣어 문장을 만들어 보세요.

보기   동양 동풍 동서 동해

• 봄이 되니 따뜻한 [   ]이 불어온다.

• 서양에 반대되는 말로 우리가 사는 곳을 [   ]이라고 한다.

• 우리나라는 남북이 길고 [   ]는 짧다.

• [   ]는 여름철 많은 사람들이 찾는 휴가지이다.

🖐 아래 글을 읽고 '동쪽'의 뜻을 가진 '동'이 들어 있는 단어를 모두 찾아 ○표 하세요.

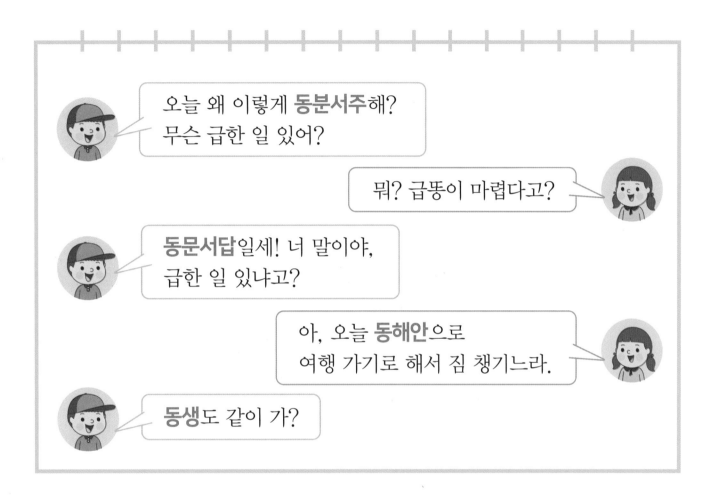

오늘 왜 이렇게 **동분서주**해? 무슨 급한 일 있어?

뭐? 급똥이 마렵다고?

동문서답일세! 너 말이야, 급한 일 있냐고?

아, 오늘 **동해안**으로 여행 가기로 해서 짐 챙기느라.

동생도 같이 가?

🖐 '동'이 들어 있는 단어들 중에서 '동쪽'과 관련된 것을 찾아 써 보세요.

동대문			

서녘 서

서녘	서	西
뜻	소리	한자

'서쪽'과 관련된 단어에 쓰이고 '서'라고
읽어요.
새 둥지 모양에 '서쪽'이라는 뜻이 담겨
한자 서(西)가 되었어요.

서녘 서	서녘 서

• 흐린 글자를 따라 써요.

1 글자 만나기

✎ 아래 단어에 공통으로 들어가는 글자를 찾아
○표 하고, 왼쪽의 빈칸에 써 보세요.

서양
동양의 반대로
서쪽에 있는 유럽과
아메리카

서풍
서쪽에서 불어오는
바람

서부
어떤 지역의 서쪽 부분

서해
서쪽에 있는 바다

'서쪽'의 뜻이 있는 '서'가 들어간 단어들입니다.
'서'를 찾아 ○표 하고, 단어의 뜻을 알아보세요.

동서양
동양과 서양, 온 세계

서양화
서양에서 발생하고 발달한 그림

북서풍
북쪽과 서쪽 사이에서 불어오는 바람

편서풍
서쪽에서 동쪽으로 치우쳐 부는
중위도 지방의 바람

서방
서쪽 지방

서대문
한양 도성의 서쪽 문

서해안
서쪽에 있는 해안

📝 빈 곳에 알맞은 글자와 단어를 쓰고, 설명 글에서 글자의 뜻을 찾아 ○표 하세요.

서양		동양의 반대로 서쪽에 있는 유럽과 아메리카
풍		서쪽에서 불어오는 바람
부		어떤 지역의 서쪽 부분
해		서쪽에 있는 바다

📝 오늘 배운 단어를 넣어 문장을 만들어 보세요.

보기   서양   서풍   서부   서해

- [   ] 문화는 동양과 다른 부분이 많다.

- 중국에서 발생한 황사가 [   ]을 타고 우리나라로 왔다.

- [   ]에는 갯벌 체험을 할 수 있는 곳이 많다.

- 미국 동부에서 [   ]까지 자동차로 얼마나 걸리지?

4 어휘 늘리기

📝 아래 글을 읽고 '서쪽'의 뜻을 가진 '서'가 들어 있는 단어를 모두 찾아 ○표 하세요.

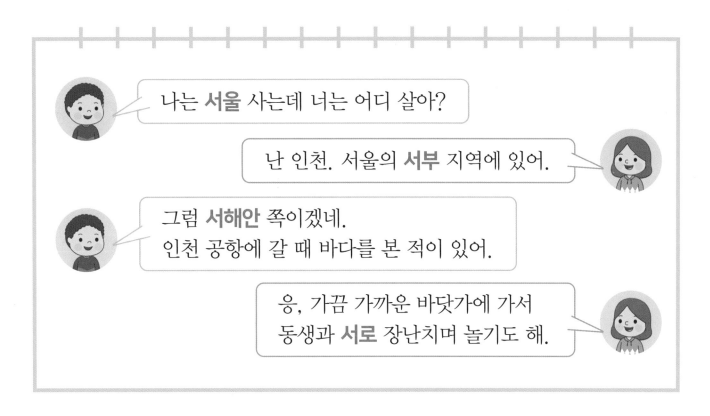

나는 **서울** 사는데 너는 어디 살아?

난 인천. 서울의 **서부** 지역에 있어.

그럼 **서해안** 쪽이겠네.
인천 공항에 갈 때 바다를 본 적이 있어.

응, 가끔 가까운 바닷가에 가서
동생과 **서로** 장난치며 놀기도 해.

📝 '서쪽'을 뜻하는 단어를 모두 찾아 선으로 이어 집까지 가는 길을 만들어요.

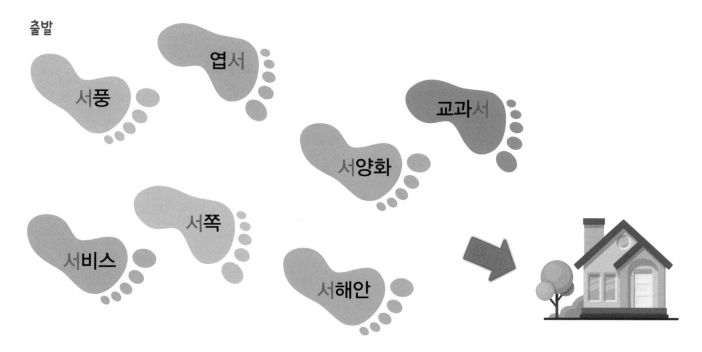

출발

엽서

서풍

교과서

서양화

서쪽

서비스

서해안

18일

남녘 남

남녘	남	南
뜻	소리	한자

'남쪽'과 관련된 단어에 쓰이고 '남'이라고
읽어요.
종의 모양에 '남쪽'이라는 뜻이 담겨
남(南)이 되었어요.

남녘 남	남녘 남

• 흐린 글자를 따라 써요.

1 글자 만나기

✎ 아래 단어에 공통으로 들어가는 글자를 찾아
○표 하고, 왼쪽의 빈칸에 써 보세요.

남한
한반도의 휴전선
남쪽 지방

남극
지구의 남쪽 끝

남녘
남쪽과 같은 말

남대문
한양 도성의 남쪽 문

80

✍ '남쪽'의 뜻이 있는 '남'이 들어간 단어들입니다.
'남'을 찾아 ○표 하고, 단어의 뜻을 알아보세요.

남한강

한강을 이루는 두 개의 물줄기 중
남쪽에 있는 것

남한산성

남한산을 둘러싸고 있는 성곽

남극기지

남극에 그곳의 자연 현상을
관측하기 위해 세운 곳

남극해

남극 대륙을 둘러싸고 있는 바다

남도

남쪽 지방에 있는 도시

남향

남쪽 방향

남산

남쪽에 있는 산

3 뜻 익히기

🖊️ 빈 곳에 알맞은 글자와 단어를 쓰고, 설명 글에서 글자의 뜻을 찾아 ○표 하세요.

	남한		한반도의 휴전선 남쪽 지방
	극		지구의 남쪽 끝
	녘		남쪽과 같은 말
	대문		한양 도성의 남쪽 문

🖊️ 오늘 배운 단어를 넣어 문장을 만들어 보세요.

보기   남한   남극   남녘   남대문

• 대한민국은 휴전선 남쪽에 있어서 [　　　]이라고 부르기도 해.

• [　　　]에는 벌써 봄꽃이 활짝 피었다고 한다.

• 지구의 남쪽 끝 [　　　]에서 빙하가 녹아 바닷물이 불어나고 있대.

• 조선 시대 서울에 4개의 문을 두었는데 그 중 [　　　]의

이름은 숭례문이다.

4 어휘 늘리기

📝 아래 글을 읽고 '남쪽'의 뜻을 가진 '남'이 들어 있는 단어를 모두 찾아 ○표 하세요.

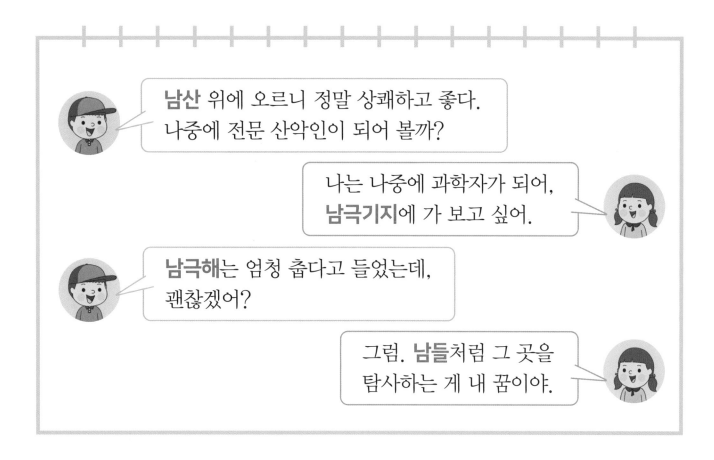

남산 위에 오르니 정말 상쾌하고 좋다.
나중에 전문 산악인이 되어 볼까?

나는 나중에 과학자가 되어,
남극기지에 가 보고 싶어.

남극해는 엄청 춥다고 들었는데,
괜찮겠어?

그럼. **남**들처럼 그 곳을
탐사하는 게 내 꿈이야.

📝 초성 퀴즈의 힌트를 보고 빈칸에 알맞은 단어를 써 보세요.

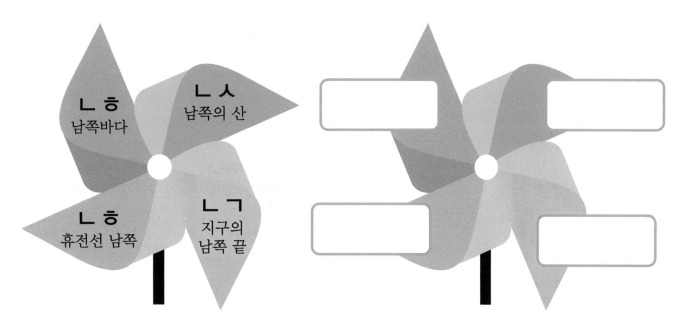

ㄴㅎ
남쪽바다

ㄴㅅ
남쪽의 산

ㄴㅎ
휴전선 남쪽

ㄴㄱ
지구의
남쪽 끝

북녘 북

아래 단어에 공통으로 들어가는 글자를 찾아
○표 하고, 왼쪽의 빈칸에 써 보세요.

북녘	북	北
뜻	소리	한자

'북쪽'과 관련된 단어에 쓰이고 '북'이라고
읽어요.
남쪽을 등진 모습에서 한자 북(北)이
되었어요.

북녘 북	북녘 북

• 흐린 글자를 따라 써요.

북한

한반도의 휴전선
북쪽 지방

북극

지구의 북쪽 끝

북향

북쪽 방향

북두칠성

북쪽 하늘에 국자
모양으로 뚜렷하게
빛나는 일곱 개의 별

📝 '북쪽'의 뜻이 있는 '북'이 들어간 단어들입니다.
'북'을 찾아 ○표 하고, 단어의 뜻을 알아보세요.

동서남북

동쪽, 서쪽, 남쪽, 북쪽을 합하여
부르는 말로, 모든 방향을 이름.

남북통일

남한과 북한으로 나누어져 있는
우리나라가 하나가 되는 일

북극곰

주로 북극 지방에 사는 흰색 곰

북극해

지구의 북극에 있는 바다

북녘

북쪽과 같은 말

북미

아메리카 대륙의 북부,
즉 캐나다, 미국

북극성

하늘의 북극에 있는 별

3 뜻 익히기

빈 곳에 알맞은 글자와 단어를 쓰고, 설명 글에서 글자의 뜻을 찾아 ○표 하세요.

북한		한반도의 휴전선 북쪽 지방
극		지구의 북쪽 끝
향		북쪽 방향
두칠성		북쪽 하늘에 국자 모양으로 뚜렷하게 빛나는 일곱 개의 별

오늘 배운 단어를 넣어 문장을 만들어 보세요.

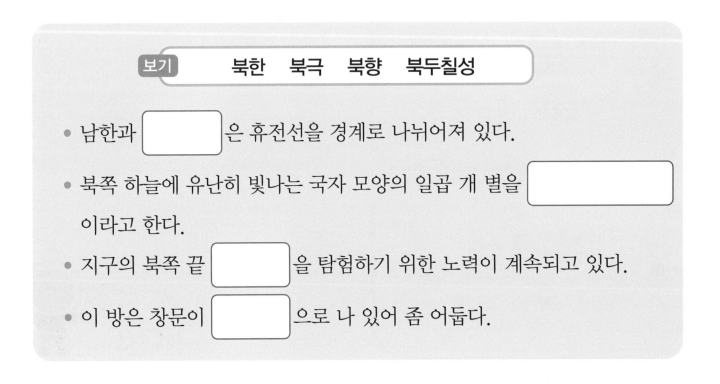

> 보기 북한 북극 북향 북두칠성

- 남한과 [   ]은 휴전선을 경계로 나뉘어져 있다.

- 북쪽 하늘에 유난히 빛나는 국자 모양의 일곱 개 별을 [   ] 이라고 한다.

- 지구의 북쪽 끝 [   ]을 탐험하기 위한 노력이 계속되고 있다.

- 이 방은 창문이 [   ]으로 나 있어 좀 어둡다.

86

🖊 아래 글을 읽고 '북쪽'의 뜻을 가진 '북'이 들어 있는 단어를 모두 찾아 ○표 하세요.

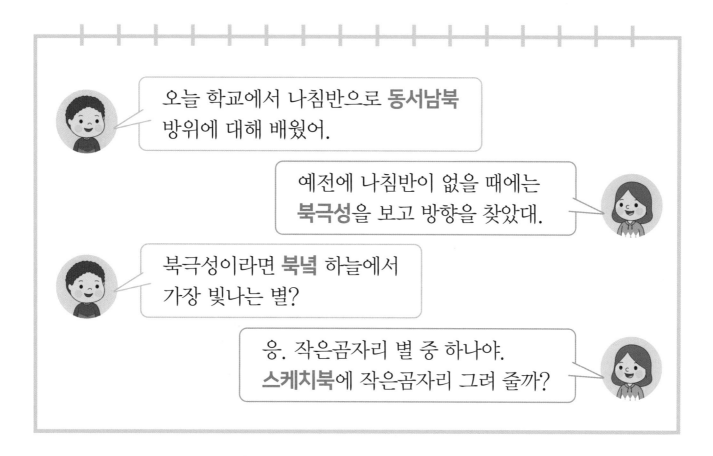

오늘 학교에서 나침반으로 **동서남북** 방위에 대해 배웠어.

예전에 나침반이 없을 때에는 **북극성**을 보고 방향을 찾았대.

북극성이라면 **북녘** 하늘에서 가장 빛나는 별?

응. 작은곰자리 별 중 하나야. **스케치북**에 작은곰자리 그려 줄까?

🖊 북극곰이 하고 싶은 말에 공통적으로 들어갈 단어는 무엇일까요?

우리가 살고 있는 ☐의 빙하가 점점 녹아.

☐에서 우리가 살 곳이 줄어들었어.

바깥 외

바깥 외 外

| 뜻 | 소리 | 한자 |

'바깥', '겉'과 관련된 단어에 쓰이고
'외'라고 읽어요.
보통은 아침에 점을 치는데 예외적으로
저녁(夕)에 점(卜)을 친다는 뜻으로 한자
외(外)가 되었어요.

바깥 외 | 바깥 외

• 흐린 글자를 따라 써요.

1 글자 만나기

아래 단어에 공통으로 들어가는 글자를 찾아
○표 하고, 왼쪽의 빈칸에 써 보세요.

외국

자기 나라가 아닌
바깥의 다른 나라

외교

다른 나라와 관계를
맺는 일

제외

어떤 대상의
바깥에 둠, 뺌.

외출

바깥으로 나감.

🖙 '바깥', '겉'의 뜻이 있는 '외'가 들어간 단어들입니다.
'외'를 찾아 ○표 하고, 단어의 뜻을 알아보세요.

외국인

다른 나라 사람

외국어

다른 나라 말

외교관

외국에 살며 자기 나라를 대표하여
외교 업무를 보는 사람

외화

외국의 돈

소외

어떤 무리의 바깥에 둠.

예외

어떤 규칙의 바깥에 두는 일

야외

집이나 건물의 밖

외식

음식을 집 밖에서 사 먹음.

📝 빈 곳에 알맞은 글자와 단어를 쓰고, 설명 글에서 글자의 뜻을 찾아 ◯표 하세요.

	외국		자기 나라가 아닌 바깥의 다른 나라
	교		다른 나라와 관계를 맺는 일
	제		어떤 대상의 바깥에 둠, 뺌.
	출		바깥으로 나감.

📝 오늘 배운 단어를 넣어 문장을 만들어 보세요.

보기 외국 외교 제외 외출

• 이번 여름에는 꼭 비행기를 타고 [   ] 여행을 가고 싶어.

• 이 제품은 할인에서 [   ] 되는 제품이래. 좀 비싼데 어쩌지?

• 날이 좋아 가족과 함께 [   ] 하는 길!

• 다른 나라와 정치적, 문화적 관계를 맺는 것을 [   ] 라고 한다.

💫 아래 글을 읽고 '바깥'의 뜻을 가진 '외'가 들어 있는 단어를 모두 찾아 ○표 하세요.

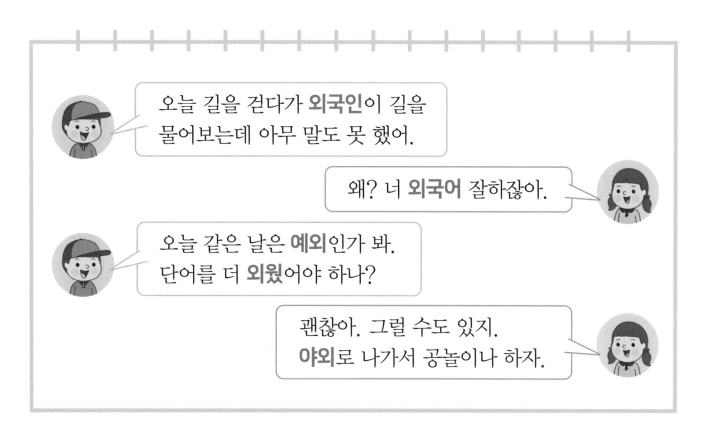

💫 단어를 보고 알맞은 뜻을 찾아 연결해 보세요.

외 화 •		• 집 밖
외 식 •		• 외국 돈
소 외 •		• 밖에서 먹음
야 외 •		• 어떤 무리의 바깥에 둠

가운데 중

가운데 중 中

뜻 · 소리 · 한자

가운데와 관련된 단어에 쓰이고 '중'이라고
읽어요.
진지 중앙에 깃발이 펄럭이는 모습에서
한자 중(中)이 되었어요.

| 가운데 중 | 가운데 중 |

· 흐린 글자를 따라 써요.

1 글자 만나기

✎ 아래 단어에 공통으로 들어가는 글자를 찾아
○표 하고, 왼쪽의 빈칸에 써 보세요.

중심
어떤 것의 한가운데

집중
한 곳을 중심으로
하여 모임.

공중
하늘과 땅 사이의
가운데

중앙
어떤 장소나 물체의
한가운데

✒ '가운데'의 뜻이 있는 '중'이 들어간 단어들입니다.
'중'을 찾아 ○표 하고, 단어의 뜻을 알아보세요.

중심지
어떤 일이나 활동의 중심이 되는 곳

중심가
도시 안에서 중심이 되는 거리

집중력
관심이나 생각을 중심으로
모으는 힘

집중호우
한 지역에 집중적으로 내리는 비

공중그네
공중에 매달아 놓은 그네

공중비행
공중에 매달아 놓은 그네,
또는 그곳에서 하는 곡예

중앙선
한가운데를 지나는 선

중간
두 물체나 공간의 가운데

🖋 빈 곳에 알맞은 글자와 단어를 쓰고, 설명 글에서 글자의 뜻을 찾아 ○표 하세요.

	중심		어떤 것의 한가운데
	집		한 곳을 중심으로 하여 모임.
	공		하늘과 땅 사이의 가운데
	앙		어떤 장소나 물체의 한가운데

🖋 오늘 배운 단어를 넣어 문장을 만들어 보세요.

보기   중심   집중   공중   중앙

• 놀이터 [   ]에 있는 미끄럼틀이 우리가 모여 노는 곳이다.

• 나는 장난감 조립을 할 때 무척 [   ]하는 편이다.

• 그네를 타고 높이 올라가니 [   ]에 떠 있는 느낌이 들었다.

• 우리는 선생님을 [   ]으로 빙 둘러 모였다.

💡 아래 글을 읽고 '가운데'의 뜻을 가진 '중'이 들어 있는 단어를 모두 찾아 ○표 하세요.

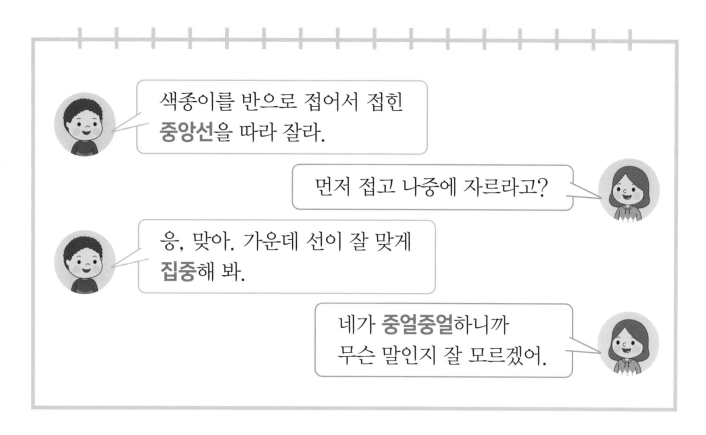

색종이를 반으로 접어서 접힌 **중앙선**을 따라 잘라.

먼저 접고 나중에 자르라고?

응, 맞아. 가운데 선이 잘 맞게 **집중**해 봐.

네가 **중얼중얼**하니까 무슨 말인지 잘 모르겠어.

💡 단어의 설명에 맞게 가로세로 퍼즐을 완성해 보세요.

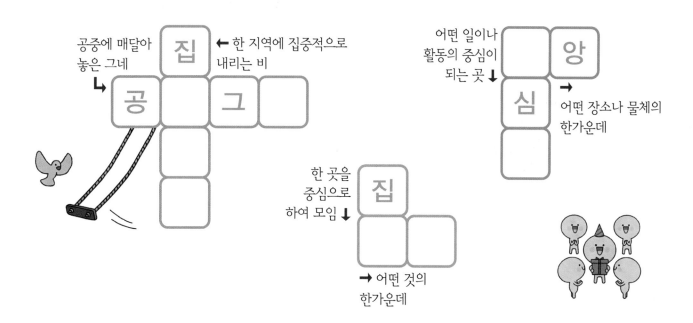

공중에 매달아 놓은 그네

한 지역에 집중적으로 내리는 비

어떤 일이나 활동의 중심이 되는 곳

어떤 장소나 물체의 한가운데

한 곳을 중심으로 하여 모임

어떤 것의 한가운데

안 내

안 내 内

뜻 　소리 　한자

'안', '속'과 관련된 단어에 쓰이고 '내'라고 읽어요.
한자 내(内)는 집의 내부 모습을 닮았어요.

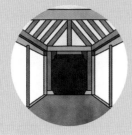

안 내	안 내

• 흐린 글자를 따라 써요.

1 글자 만나기

💧 아래 단어에 공통으로 들어가는 글자를 찾아 ○표 하고, 왼쪽의 빈칸에 써 보세요.

내용
글, 그림 등의 속에서 전하고자 하는 것

내부
안쪽 부분

실내
방이나 건물 등의 안

내복
추위를 막기 위해 겉옷 속에 입는 옷

💿 '안', '속'의 뜻이 있는 '내'가 들어간 단어들입니다.
'내'를 찾아 ○표 하고, 단어의 뜻을 알아보세요.

내용물
속에 들어 있는 물건이나 물질

내면
겉으로 드러나지 않는 사람의 마음속

국내
나라의 안

내륙
바다에서 멀리 떨어진 안쪽 육지

실내화
방이나 건물 안에서 신는 신발

실내복
주로 집 안에서 입는 옷

내의
겉옷이 직접 닿지 않도록 속에 입는 옷

3 뜻 익히기

🌀 빈 곳에 알맞은 글자와 단어를 쓰고, 설명 글에서 글자의 뜻을 찾아 ○표 하세요.

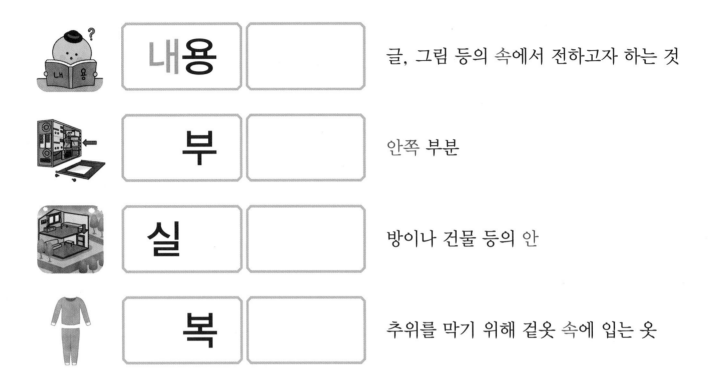

내**용**		글, 그림 등의 속에서 전하고자 하는 것
부		안쪽 부분
실		방이나 건물 등의 안
복		추위를 막기 위해 겉옷 속에 입는 옷

🌀 오늘 배운 단어를 넣어 문장을 만들어 보세요.

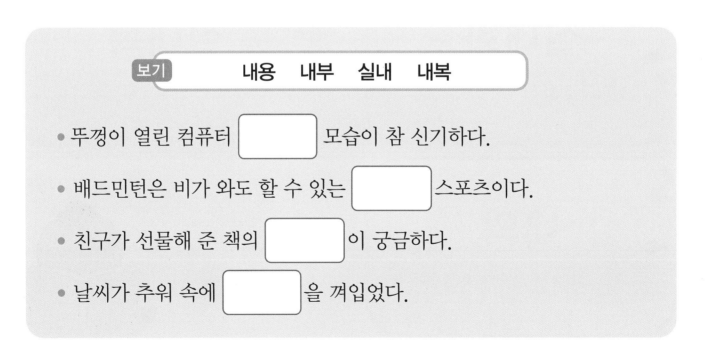

보기   내용   내부   실내   내복

• 뚜껑이 열린 컴퓨터 [ ] 모습이 참 신기하다.

• 배드민턴은 비가 와도 할 수 있는 [ ] 스포츠이다.

• 친구가 선물해 준 책의 [ ] 이 궁금하다.

• 날씨가 추워 속에 [ ] 을 껴입었다.

👋 아래 글을 읽고 '안', '속'의 뜻을 가진 '내'가 들어 있는 단어를 모두 찾아 ○표 하세요.

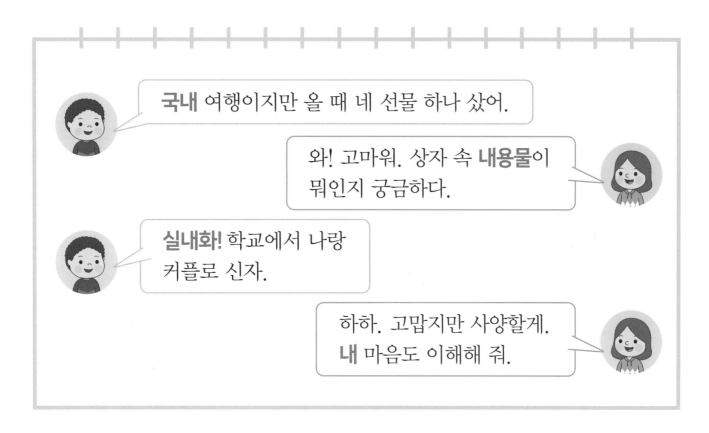

👋 '안', '속'의 뜻을 가지고 있는 단어 5개를 찾아 선으로 이어 접시까지 가는 길을 만들어요.

복습 놀이

보기 를 참고하여 가로세로 퍼즐을 완성해 보세요.

보기 남극기지   남동풍   동분서주   동서양   동양화   남북통일

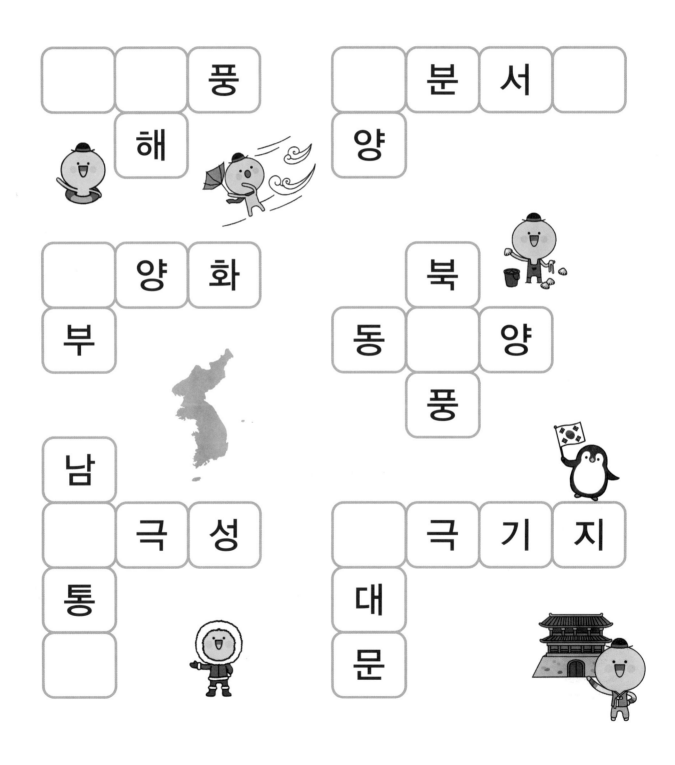

4 사람

다음 글자가 들어가는 단어에는 무엇이 있을까요?
또박또박 읽으면서 떠올려 보세요.

사람**인**

어미**모**

먼저**선**

날**생**

늙을**노**

스스로**자**

장인**공**

힘**력**

사람 인

사람 인 人

| 뜻 | 소리 | 한자 |

'사람'과 관련된 단어에 쓰이고 '인'이라고 읽어요.
사람 인(人)은 팔을 아래로 내린 사람 같아요.

| 사람 인 | 사람 인 |

• 흐린 글자를 따라 써요.

✏️ 아래 단어에 공통으로 들어가는 글자를 찾아 ○표 하고, 왼쪽의 빈칸에 써 보세요.

인간
사람

시인
시를 쓰는 사람

성인
자라서 어른이 된 사람

인생
사람이 세상을 살아가는 일

🖋️ '사람'의 뜻이 있는 '인'이 들어간 단어들입니다.
　'인'을 찾아 ○표 하고, 단어의 뜻을 알아보세요.

인형
사람이나 동물 모양으로 만든 장난감

인기
사람들의 높은 관심과 좋아하는 마음

연예인
연기나 노래, 춤을 직업으로 삼는 사람

주인
대상이나 물건을 가진 사람

일반인
특별함을 지니지 않은 보통 사람

거인
보통 사람보다 몸과 키가 훨씬 큰 사람

개인
어떤 단체나 조직을 이루는 한 사람

인상
사람 얼굴의 생김새

💿 빈 곳에 알맞은 글자와 단어를 쓰고, 설명 글에서 글자의 뜻을 찾아 ○표 하세요.

인간		사람
시		시를 쓰는 사람
성		자라서 어른이 된 사람
생		사람이 세상을 살아가는 일

💿 오늘 배운 단어를 넣어 문장을 만들어 보세요.

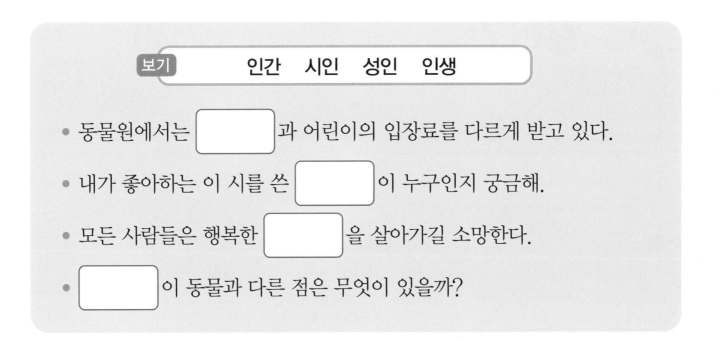

보기   인간   시인   성인   인생

• 동물원에서는 [   ]과 어린이의 입장료를 다르게 받고 있다.

• 내가 좋아하는 이 시를 쓴 [   ]이 누구인지 궁금해.

• 모든 사람들은 행복한 [   ]을 살아가길 소망한다.

• [   ]이 동물과 다른 점은 무엇이 있을까?

🖊 아래 글을 읽고 '사람'의 뜻을 가진 '인'이 들어 있는 단어를 모두 찾아 ○표 하세요.

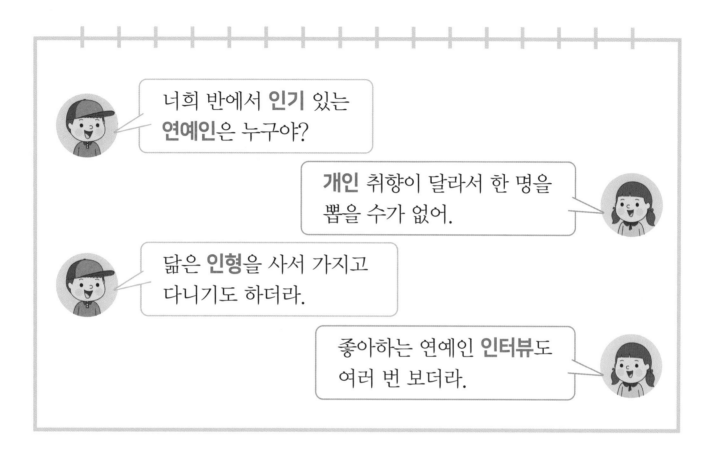

너희 반에서 **인기** 있는 **연예인**은 누구야?

개인 취향이 달라서 한 명을 뽑을 수가 없어.

닮은 **인형**을 사서 가지고 다니기도 하더라.

좋아하는 연예인 **인터뷰**도 여러 번 보더라.

🖊 '인'과 주변의 글자를 연결해, '사람'의 뜻이 들어 있는 단어 4개를 만들어 보세요.

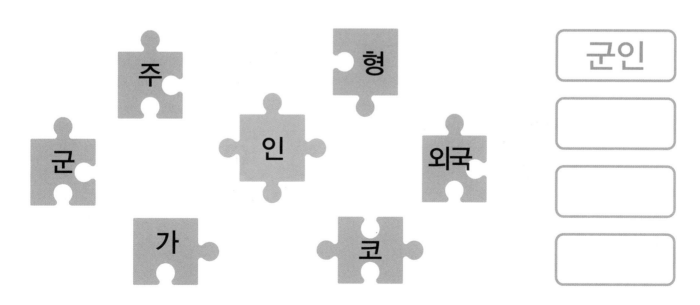

주 · 형 · 인 · 군 · 외국 · 가 · 코

군인

어미 모

어미	모	母
뜻	소리	한자

'어머니'와 관련된 단어에 쓰이고 '모'라고 읽어요.
한자 모(母)는 젖을 물린 어머니의 모습을 닮았어요.

어미 모	어미 모

• 흐린 글자를 따라 써요.

1 글자 만나기

🖊 아래 단어에 공통으로 들어가는 글자를 찾아 ○표 하고, 왼쪽의 빈칸에 써 보세요.

부모
아버지와 어머니

이모
어머니의 여자 형제

모자
어머니와 아들

모국
자기가 태어난 어머니 나라

✍ '어머니'의 뜻이 있는 '모'가 들어간 단어들입니다.
   '모'를 찾아 ○표 하고, 단어의 뜻을 알아보세요.

조부모

할아버지와 할머니

학부모

학생을 자녀로 둔 아버지와 어머니

고모

아버지의 여자 형제

산모

아이를 낳은 지 얼마 되지 않은 여자

모녀

어머니와 딸

모성애

자식에 대한 어머니의 사랑

모국어

모국의 언어

모교

자기가 다니거나 졸업한 학교

✍ 빈 곳에 알맞은 글자와 단어를 쓰고, 설명 글에서 글자의 뜻을 찾아 ○표 하세요.

	부모		아버지와 어머니
	이		어머니의 여자 형제
	자		어머니와 아들
	국		자기가 태어난 어머니 나라

✍ 오늘 배운 단어를 넣어 문장을 만들어 보세요.

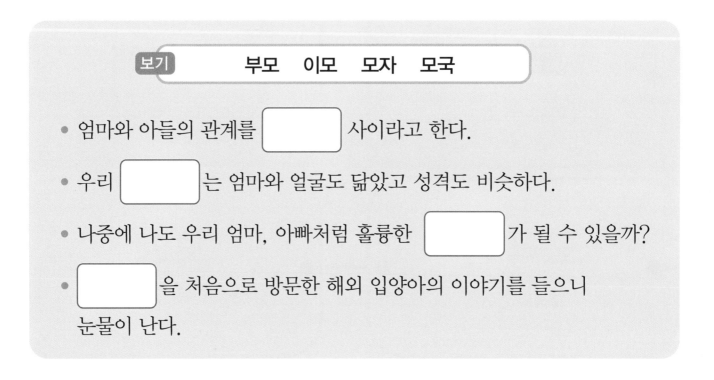

보기   부모   이모   모자   모국

• 엄마와 아들의 관계를 [　　] 사이라고 한다.

• 우리 [　　]는 엄마와 얼굴도 닮았고 성격도 비슷하다.

• 나중에 나도 우리 엄마, 아빠처럼 훌륭한 [　　]가 될 수 있을까?

• [　　]을 처음으로 방문한 해외 입양아의 이야기를 들으니 눈물이 난다.

🖐 아래 글을 읽고 '어머니'의 뜻을 가진 '모'가 들어 있는 단어를 모두 찾아 ○표 하세요.

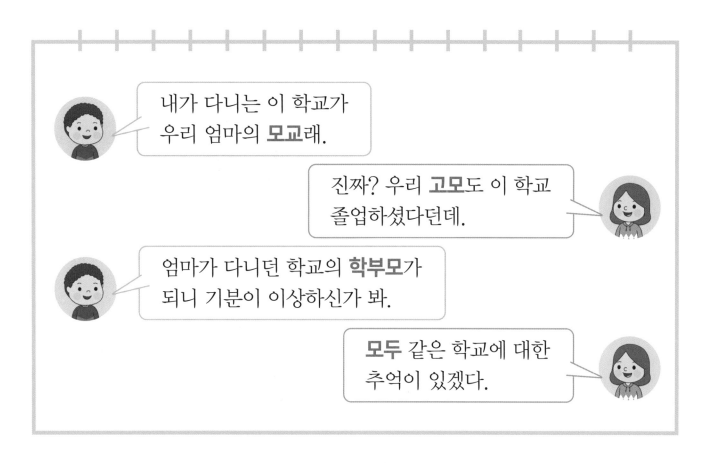

🖐 '모'에 '어머니'의 뜻이 있으면 ○, 그렇지 않으면 ✗표 하세요.

25일

먼저 선

먼저 선 先

| 뜻 | 소리 | 한자 |

'먼저', '미리'와 관련된 단어에 쓰이고 '선'이라고 읽어요.
사람보다 발이 앞서 나가는 모습에서 한자 선(先)이 되었어요.

| 먼저 선 | 먼저 선 |

• 흐린 글자를 따라 써요.

1 글자 만나기

🖊 아래 단어에 공통으로 들어가는 글자를 찾아 ○표 하고, 왼쪽의 빈칸에 써 보세요.

선배
자기보다 먼저 활동하여 경험이 앞선 사람

선착순
먼저 도착하는 차례

우선
어떤 일에 앞서서

선행
어떤 것보다 앞서 가거나 앞에 있음.

'먼저', '미리'의 뜻이 있는 '선'이 들어간 단어들입니다.
'선'을 찾아 ○표 하고, 단어의 뜻을 알아보세요.

선생님

학생을 가르치는 사람.
앞서 깨달은 사람이라는 뜻

선진국

다른 나라보다 정치, 경제,
문화가 앞선 나라

선점

남보다 먼저 차지함.

선입견

겪어 보지 않고 먼저 가지고 있는 생각

우선순위

어떤 것을 먼저 차지하거나
사용할 수 있는 위치

선두

줄이나 행렬 등에서
맨 먼저 서 있는 사람

선행 학습

원래 배워야 하는 시간보다
먼저 공부함.

🖊 빈 곳에 알맞은 글자와 단어를 쓰고, 설명 글에서 글자의 뜻을 찾아 ◯표 하세요.

선배		자기보다 먼저 활동하여 경험이 앞선 사람
착순		먼저 도착하는 차례
우		어떤 일에 앞서서
행		어떤 것보다 앞서 가거나 앞에 있음.

🖊 오늘 배운 단어를 넣어 문장을 만들어 보세요.

| 보기 | 선배   선착순   우선   선행 |

• 형은 나보다 학교에 2년 먼저 입학한 ☐이다.

• 밖에 나갔다 돌아왔을 때에는 ☐손 먼저 씻어야 한다.

• 집 앞 마트에서 ☐50명에게 경품을 주는 이벤트를 한다.

• 학교에서 배울 것을 미리 공부하는 것을 ☐학습이라고 한다.

👉 아래 글을 읽고 '먼저', '미리'의 뜻을 가진 '선'이 들어 있는 단어를 모두 찾아 ○표 하세요.

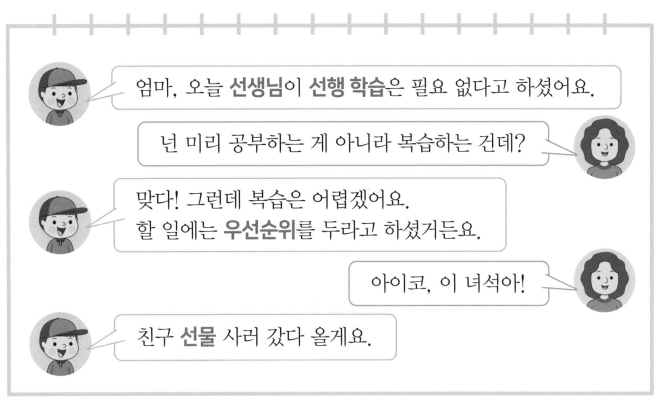

엄마, 오늘 **선생님**이 **선행 학습**은 필요 없다고 하셨어요.

넌 미리 공부하는 게 아니라 복습하는 건데?

맞다! 그런데 복습은 어렵겠어요.
할 일에는 **우선순위**를 두라고 하셨거든요.

아이코, 이 녀석아!

친구 **선물** 사러 갔다 올게요.

✎ '선물'에는 '먼저'라는 뜻이 없습니다.

👉 '먼저', '우선'과 관련된 단어에 적힌 숫자를 큰 수부터 누르면 자물쇠가 열린대요.
비밀번호는 무엇일까요?

2 선풍기

8 선점

0 선물

3 선배

9 선두

6 우선순위

날 생

날	생	生
뜻	소리	한자

'낳다', '살다'와 관련된 단어에 쓰이고 '생'이라고 읽어요.
땅 위로 새싹이 돋아나는 모습에서 한자 생(生)이 되었어요.

날 생	날 생

• 흐린 글자를 따라 써요.

1 글자 만나기

💫 아래 단어에 공통으로 들어가는 글자를 찾아 ○표 하고, 왼쪽의 빈칸에 써 보세요.

생명

생물이 살 수 있도록 하는 힘

생물

생명이 있는 동물과 식물

생일

세상에 태어난 날

생산

사람이 생활하는 데 필요한 물건을 만듦.

💫 '낳다', '살다'의 뜻이 있는 '생'이 들어간 단어들입니다.
'생'을 찾아 ○표 하고, 단어의 뜻을 알아보세요.

생활

사람이나 동물이 일정한 곳에서
살아감.

생명력

생물이 살아가는 힘

생선

먹기 위해 잡은 신선한 물고기

생기

싱싱하고 힘찬 기운

생신

사람이 세상에 태어난 날을
높이는 말

탄생

사람이 태어남.

생산지

어떤 물건을 만들어 내는 곳

생산자

어떤 물건을 만들어 내는 사람

💧 빈 곳에 알맞은 글자와 단어를 쓰고, 설명 글에서 글자의 뜻을 찾아 ○표 하세요.

	글자	단어	설명
	생명		생물이 살 수 있도록 하는 힘
	물		생명이 있는 동물과 식물
	일		세상에 태어난 날
	산		사람이 생활하는 데 필요한 물건을 만듦.

💧 오늘 배운 단어를 넣어 문장을 만들어 보세요.

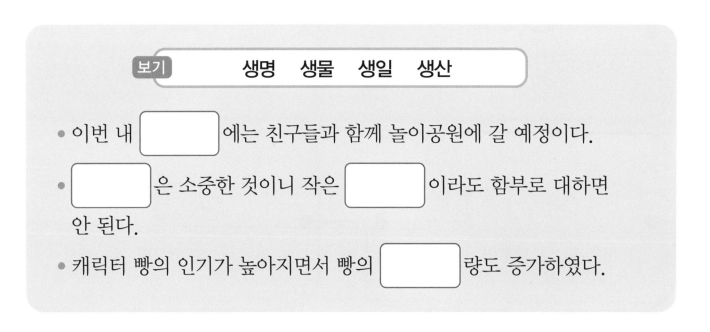

보기   생명   생물   생일   생산

• 이번 내 [　　　]에는 친구들과 함께 놀이공원에 갈 예정이다.

• [　　　]은 소중한 것이니 작은 [　　　]이라도 함부로 대하면 안 된다.

• 캐릭터 빵의 인기가 높아지면서 빵의 [　　　]량도 증가하였다.

🖐 아래 글을 읽고 '낳다', '살다'의 뜻을 가진 '생'이 들어 있는 단어를 모두 찾아 ○표 하세요.

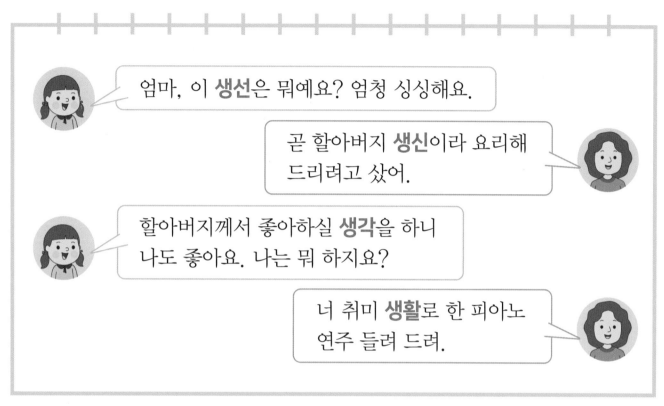

엄마, 이 **생선**은 뭐예요? 엄청 싱싱해요.

곧 할아버지 **생신**이라 요리해 드리려고 샀어.

할아버지께서 좋아하실 **생각**을 하니 나도 좋아요. 나는 뭐 하지요?

너 취미 **생활**로 한 피아노 연주 들려 드려.

✏ '생각'은 순우리말입니다.

🖐 '생'과 아래의 글자를 연결해, '낳다', '살다'의 뜻이 들어 있는 단어 6개를 만들어 보세요.

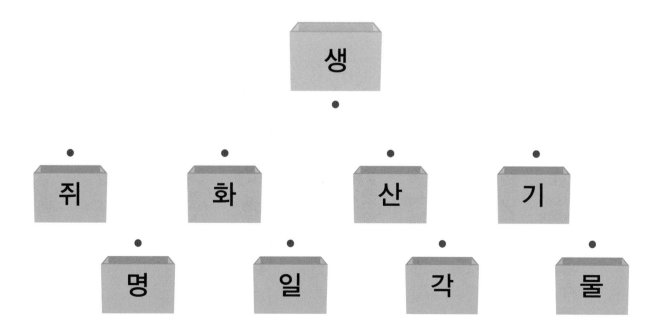

생

쥐   화   산   기

명   일   각   물

늙을 노

늙을 노 老

| 뜻 | 소리 | 한자 |

'늙다', '익숙하다'와 관련된 단어에 쓰이고 '노'라고 읽어요.
한자 노(老)는 노인이 지팡이를 짚고 있는 모습을 닮았어요.

| 늙을 노 | 늙을 노 |

• 흐린 글자를 따라 써요.

1 글자 만나기

✍ 아래 단어에 공통으로 들어가는 글자를 찾아 ○표 하고, 왼쪽의 빈칸에 써 보세요.

노인
나이가 들어 늙은 사람

노후
늙은 뒤

노약자
늙거나 약한 사람

노련
많은 경험으로 익숙함.

'늙다', '익숙하다"의 뜻이 있는 '노'가 들어간 단어들입니다.
'노'를 찾아 ○표 하고, 단어의 뜻을 알아보세요.

노년
늙은 나이, 늙은 때

노인정
노인이 모여 쉴 수 있도록 마련한
집이나 방

노부부
늙은 부부

노부모
늙은 부모

노약자석
버스나 지하철에서 늙거나 약한 사람을
위해 마련한 좌석

노화
나이가 들며 신체의 구조나 기능이
떨어지는 현상

노련미
많은 경험에서 나오는 익숙한 솜씨의
맛이나 멋

🖎 빈 곳에 알맞은 글자와 단어를 쓰고, 설명 글에서 글자의 뜻을 찾아 ○표 하세요.

노인		나이가 들어 늙은 사람
후		늙은 뒤
약자		늙거나 약한 사람
련		많은 경험으로 익숙함.

🖎 오늘 배운 단어를 넣어 문장을 만들어 보세요.

보기   노인   노후   노약자   노련

• 버스나 지하철에서 [   ]석은 비워 두도록 한다.

• 우리 부모님은 [   ]에 전원 주택에 살고 싶어하신다.

• 이번 경기에서 경험 많은 선수들의 [   ]한 기술 덕분에
  팀이 우승을 차지하였다.

• 최근에는 [   ] 인구가 증가하여 고령화 사회가 되어가고 있다.

4 어휘 늘리기

◐ 아래 글을 읽고 '늙다', '익숙하다'의 뜻을 가진 '노'가 들어 있는 단어를 모두 찾아 ○표 하세요.

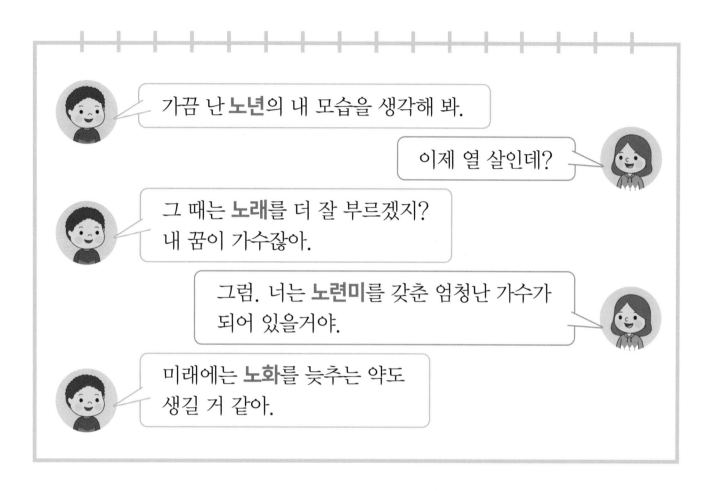

◐ '노, 노, 노자로 시작하는 말은?' 노래에 맞춰 단어를 말하고 써 보세요.

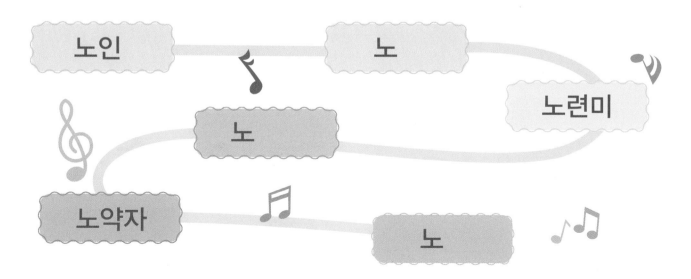

스스로 자

스스로	자	自
뜻	소리	한자

'스스로', '저절로'와 관련된 단어에
쓰이고 '자'라고 읽어요.
한자 자(自)는 사람 얼굴의 중심인 코를
닮았어요.

스스로 자	스스로 자

• 흐린 글자를 따라 써요.

🖋 아래 단어에 공통으로 들어가는 글자를 찾아
○표 하고, 왼쪽의 빈칸에 써 보세요.

자습
스스로의 힘으로
배우고 익힘.

자동
스스로 작동함.

자신감
스스로를 믿는 마음

자유
간섭받지 않고
스스로의 생각대로
할 수 있는 상태

'스스로', '저절로'의 뜻이 있는 '자'가 들어간 단어들입니다.
'자'를 찾아 ○표 하고, 단어의 뜻을 알아보세요.

자습실

스스로 공부할 수 있도록
꾸며 놓은 교실

자습서

스스로 배우고 익힐 수 있도록
쉽게 풀이해 놓은 책

자동문

자동으로 열리고 닫히는 문

자동판매기

돈을 넣고 원하는 물건을 고르면
물건이 자동으로 나오는 장치

자부심

스스로 자신을 믿고
떳떳이 여기는 마음

자존심

자신의 품위를 스스로 지키는 마음

자율

스스로 원칙에 따라
자신의 행위를 통제하는 일

✎ 빈 곳에 알맞은 글자와 단어를 쓰고, 설명 글에서 글자의 뜻을 찾아 ○표 하세요.

	자습		스스로의 힘으로 배우고 익힘.
	동		스스로 작동함.
	신감		스스로를 믿는 마음
	유		간섭받지 않고 스스로의 생각대로 할 수 있는 상태

✎ 오늘 배운 단어를 넣어 문장을 만들어 보세요.

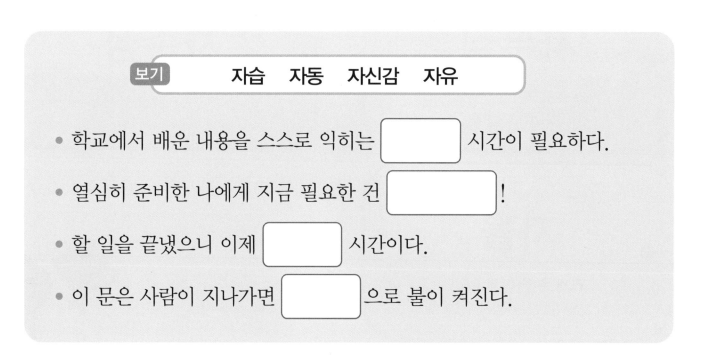

보기   자습   자동   자신감   자유

• 학교에서 배운 내용을 스스로 익히는 [   ] 시간이 필요하다.

• 열심히 준비한 나에게 지금 필요한 건 [   ] !

• 할 일을 끝냈으니 이제 [   ] 시간이다.

• 이 문은 사람이 지나가면 [   ] 으로 불이 켜진다.

🖐 아래 글을 읽고 '스스로', '저절로'의 뜻을 가진 '자'가 들어 있는 단어를 모두 찾아 ○표 하세요.

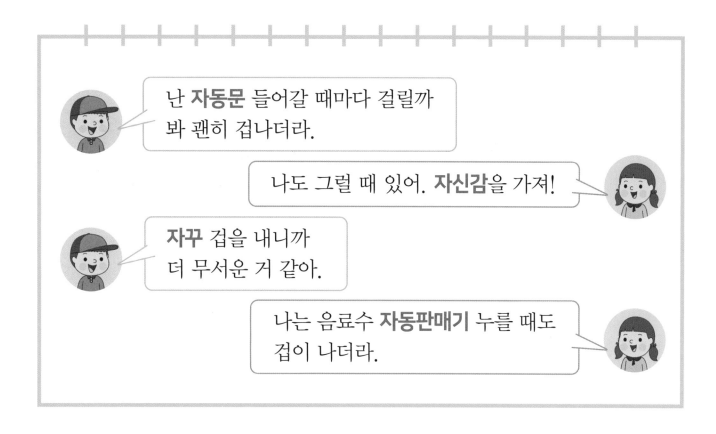

난 **자동문** 들어갈 때마다 걸릴까 봐 괜히 겁나더라.

나도 그럴 때 있어. **자신감**을 가져!

자꾸 겁을 내니까 더 무서운 거 같아.

나는 음료수 **자동판매기** 누를 때도 겁이 나더라.

🖐 '자동'과 어울려 쓸 수 있는 단어들입니다. 빈칸에 알맞은 말을 써 보세요.

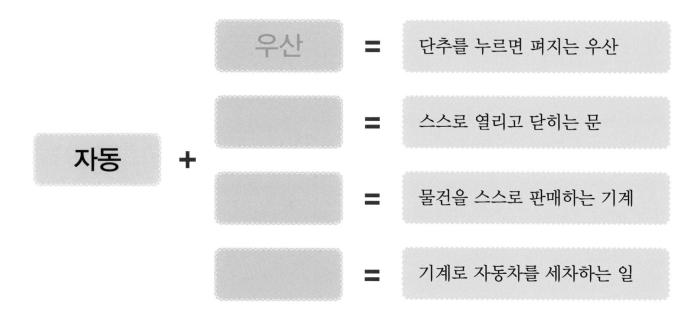

자동 +	우산	=	단추를 누르면 펴지는 우산
		=	스스로 열리고 닫히는 문
		=	물건을 스스로 판매하는 기계
		=	기계로 자동차를 세차하는 일

장인 공

장인 공 工
뜻 · 소리 · 한자

'도구', '만들다'의 뜻을 가진 단어에
쓰이고 '공'이라고 읽어요.
손잡이에 돌을 매단 도구의 모양에서
한자 공(工)이 되었어요.

장인 공	장인 공

• 흐린 글자를 따라 써요.

✍ 아래 단어에 공통으로 들어가는 글자를 찾아
○표 하고, 왼쪽의 빈칸에 써 보세요.

공부
학문이나 기술을
배우고 익힘.

인공
사람의 힘으로
만들어 낸 것

공예
물건을 만드는 재주

공장
원료나 재료를
가공하여 물건을
만들어 내는 곳

💫 '도구', '만들다'의 뜻이 있는 '공'이 들어간 단어들입니다.
    '공'을 찾아 ○표 하고, 단어의 뜻을 알아보세요.

글공부
글을 읽고 배우는 것

공부방
공부를 할 수 있도록 마련된 방

인공위성
사람이 만들어 낸 위성

인공지능
인간이 만들어 낸 지능을 가지고 있는
컴퓨터 시스템

공예품
실용적이면서 아름답게 만든 물건

수공예
물건을 손으로 직접 만드는 공예

공업
상품이나 재료를 만드는 산업

3 뜻 익히기

📝 빈 곳에 알맞은 글자와 단어를 쓰고, 설명 글에서 글자의 뜻을 찾아 ○표 하세요.

	공부		학문이나 기술을 배우고 익힘.
	인		사람의 힘으로 만들어 낸 것
	예		물건을 만드는 재주
	장		원료나 재료를 가공하여 물건을 만들어 내는 곳

📝 오늘 배운 단어를 넣어 문장을 만들어 보세요.

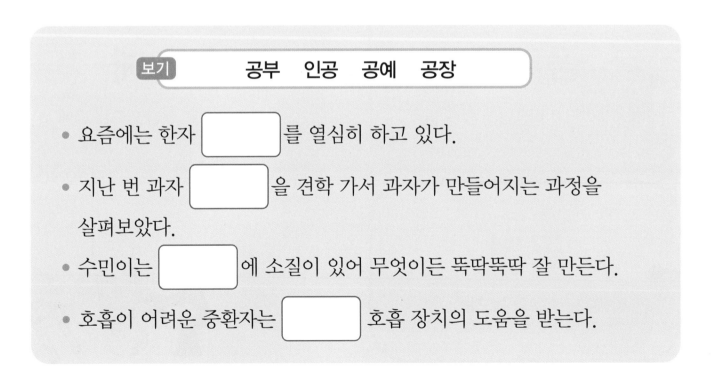

보기   공부 인공 공예 공장

• 요즘에는 한자 [   ] 를 열심히 하고 있다.

• 지난 번 과자 [   ] 을 견학 가서 과자가 만들어지는 과정을 살펴보았다.

• 수민이는 [   ] 에 소질이 있어 무엇이든 뚝딱뚝딱 잘 만든다.

• 호흡이 어려운 중환자는 [   ] 호흡 장치의 도움을 받는다.

📝 아래 글을 읽고 '도구', '만들다'의 뜻을 가진 '공'이 들어 있는 단어를 모두 찾아 ○표 하세요.

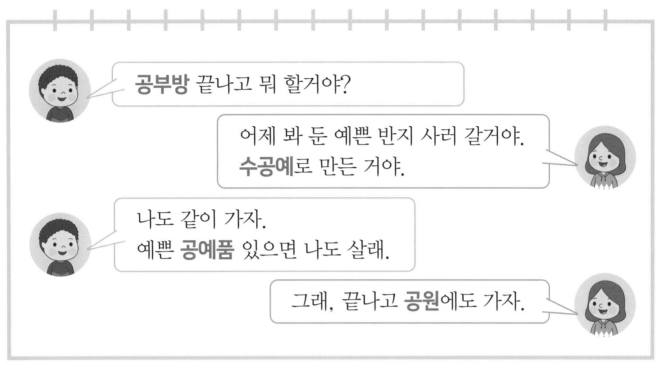

공부방 끝나고 뭐 할거야?

어제 봐 둔 예쁜 반지 사러 갈거야.
수공예로 만든 거야.

나도 같이 가자.
예쁜 **공예품** 있으면 나도 살래.

그래, 끝나고 **공원**에도 가자.

✏ '공원'에는 '도구', '만들다'의 뜻이 없습니다.

📝 '도구', '만들다'를 뜻하는 '공'이 들어간 단어를 모두 찾아 바구니에 연결해 보세요.

인공

공장

공부

공주

공예

공업

공손

공항

힘 력

힘	력	力
뜻	소리	한자

'힘'과 관련된 단어에 쓰이고 '력'이라고 읽어요.
한자 력(力)은 밭갈이하는 농기구의 모양을 닮았어요.

힘 력	힘 력

• 흐린 글자를 따라 써요.

1 글자 만나기

👆 아래 단어에 공통으로 들어가는 글자를 찾아 ○표 하고, 왼쪽의 빈칸에 써 보세요.

노력

힘을 들여 애씀.

실력

실제로 갖추고 있는 힘이나 능력

협력

힘을 합하여 서로 도움.

상상력

실제로 경험하지 않거나 보지 않은 것을 생각해 내는 힘

🖐 '힘'의 뜻이 있는 '력'이 들어간 단어들입니다.
'력'을 찾아 ○표 하고, 단어의 뜻을 알아보세요.

체력
몸의 힘이나 기운

잠재력
겉으로 드러나지 않고 속에
숨어 있는 힘

능력
일을 감당해 낼 수 있는 힘

영향력
어떤 것의 효과나 작용이
다른 것에 미치는 힘

폭력
남을 해치거나 사납게 제압하기
위해 쓰는 힘

친화력
다른 사람과 사이좋게
잘 어울리는 능력

매력
사람의 마음을 사로잡아 끄는 힘

창의력
지금까지 없던 새로운 것을
생각해 내는 힘

🖐 빈 곳에 알맞은 글자와 단어를 쓰고, 설명 글에서 글자의 뜻을 찾아 ○표 하세요.

	노 력		힘을 들여 애씀.
	실		실제로 갖추고 있는 힘이나 능력
	협		힘을 합하여 서로 도움.
	상 상		실제로 경험하지 않거나 보지 않은 것을 생각해 내는 힘

🖐 오늘 배운 단어를 넣어 문장을 만들어 보세요.

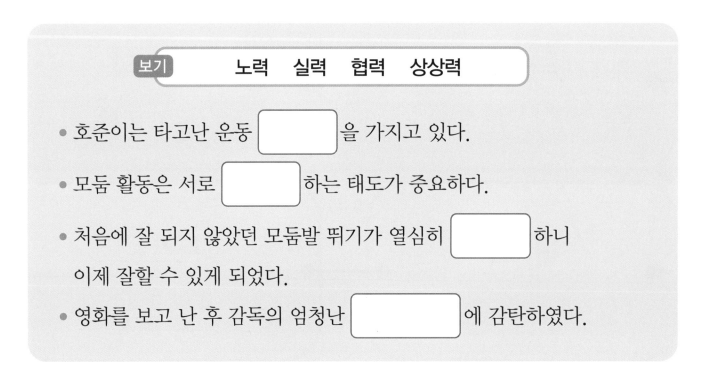

보기   노력   실력   협력   상상력

• 호준이는 타고난 운동 [   ]을 가지고 있다.

• 모둠 활동은 서로 [   ]하는 태도가 중요하다.

• 처음에 잘 되지 않았던 모둠발 뛰기가 열심히 [   ]하니 이제 잘할 수 있게 되었다.

• 영화를 보고 난 후 감독의 엄청난 [   ]에 감탄하였다.

◉ 아래 글을 읽고 '힘'의 뜻을 가진 '력'이 들어 있는 단어를 모두 찾아 ○표 하세요.

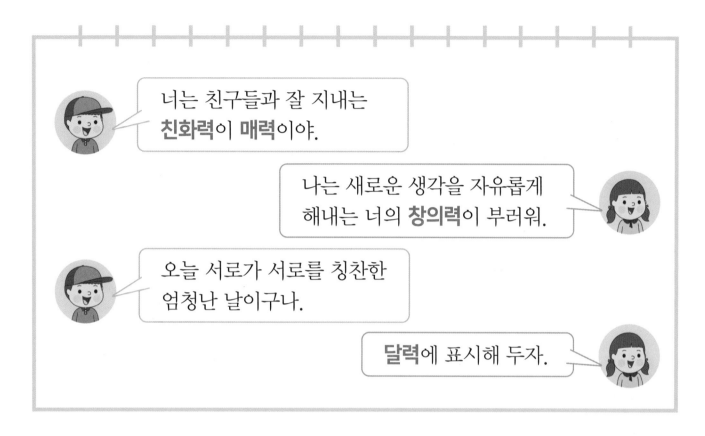

너는 친구들과 잘 지내는 **친화력**이 **매력**이야.

나는 새로운 생각을 자유롭게 해내는 너의 **창의력**이 부러워.

오늘 서로가 서로를 칭찬한 엄청난 날이구나.

달력에 표시해 두자.

◉ 윗옷과 바지를 연결하여 단어를 말하고 어떤 뜻인지 말해 보세요.

잠재 영향 실 권 초능

력

복습 놀이

보기를 참고하여 빈칸에 글자를 넣어 단어를 완성하고, 나머지 빈칸도 채워 보세요.

보기 　생물　생산　선두　선행　협력　체력　자유　자신

세 개의 단어에 공통으로 들어가는 글자에 ○표 하고, 뜻과 소리를 적어 보세요.

식목일	묘목	교목	→	나무	목
화재	화산	소화	→		
일기장	휴일	내일	→		
수영	강수	수도	→		
저금	금속	현금	→		
월급	개월	매월	→		
국토	토양	토기	→		

아래의 단어 중 '숫자'가 들어간 단어를 색칠해 보세요. 어떤 숫자가 나타날까요?

야외	사촌	일회용	만능	남산
무지개	일학년	오징어	선생님	국내
황금	백화점	오감	십중팔구	중앙
인삼	멤버십	이발소	삼각형	자동
천천히	오월	사계절	천만다행	공간

전체 복습

아래 방향과 어울리는 단어를 보기 에서 찾아 적어 보세요.

보기 남극 동해 서해안 마이동풍 북극성 북극곰 남대문 서양화

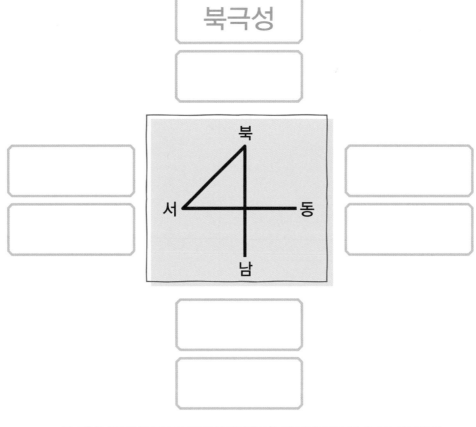

북극성

북

서 4 동

남

보기 내용 외출 중심지 소외 중간 내부

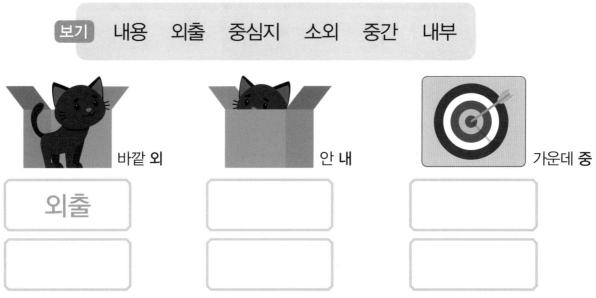

바깥 외   안 내   가운데 중

외출

아래 단어에 공통으로 들어가는 글자의 뜻과 소리를 적어 보세요.

사람	인

시인

인기   거인

인생   성인

생일

생명

생선

생산   생물

창의력

폭력

노력

실력   체력

노인

노부모   노화

노련   노약자석

공부

인공지능   수공예

공장   인공

선배

우선순위

선입견

선착순   선행학습

자동

자유

자부심

자신감   자기

부모

모국어   모성애

고모   학부모

찾아보기 가나다

정답

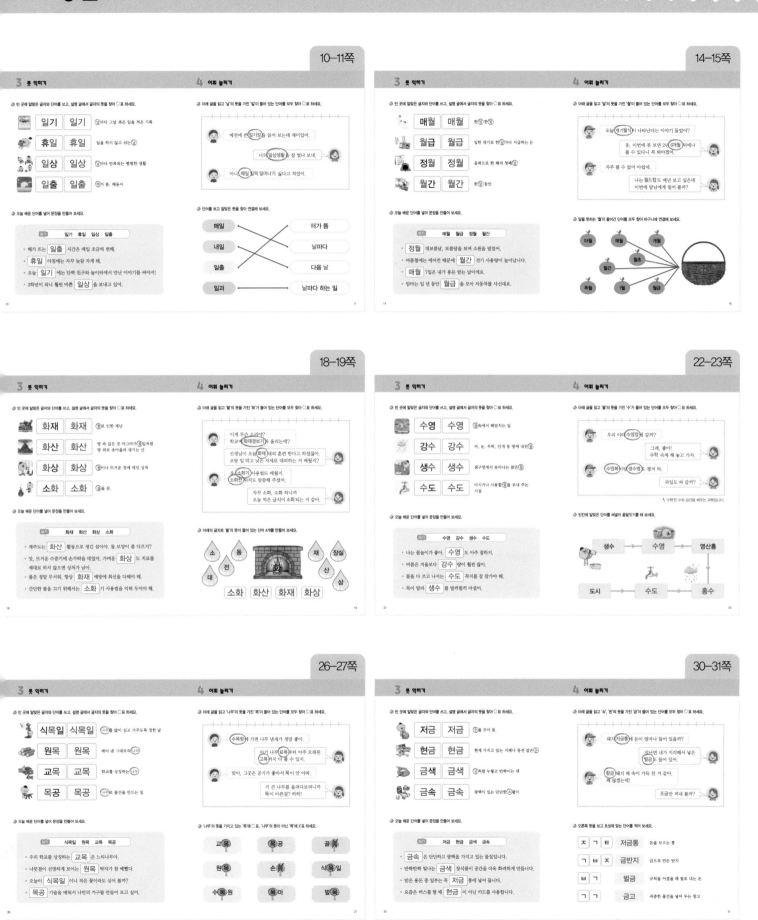

정답

34–35쪽

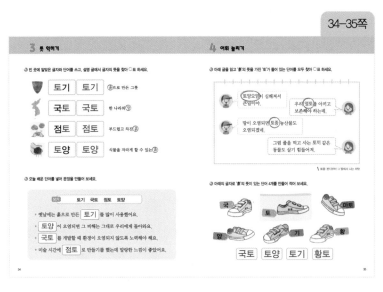

36쪽

40–41쪽

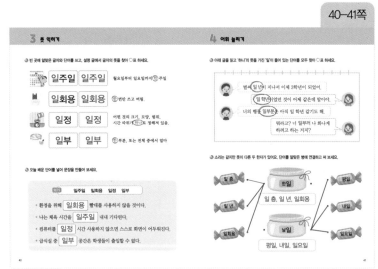

44–45쪽

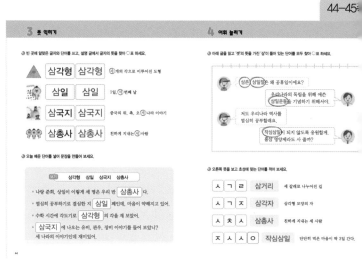

48–49쪽

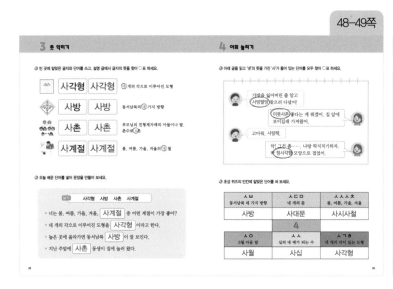

52–53쪽

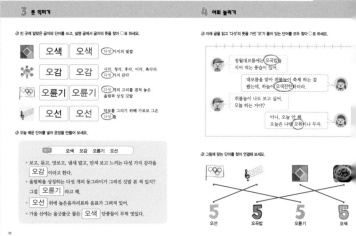

140

56-57쪽

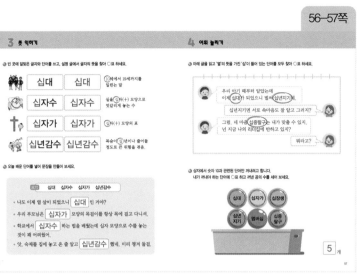

60-61쪽

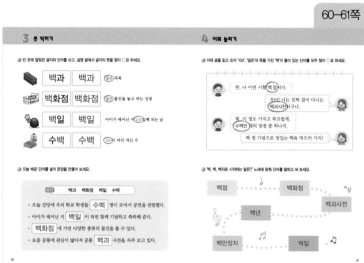

64-65쪽

68-69쪽

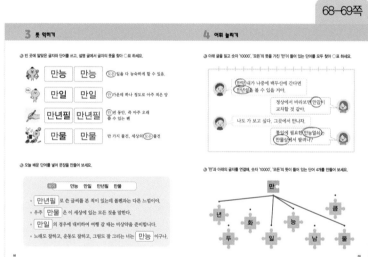

70쪽

74-75쪽

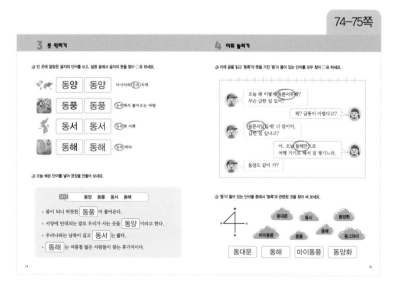

정답

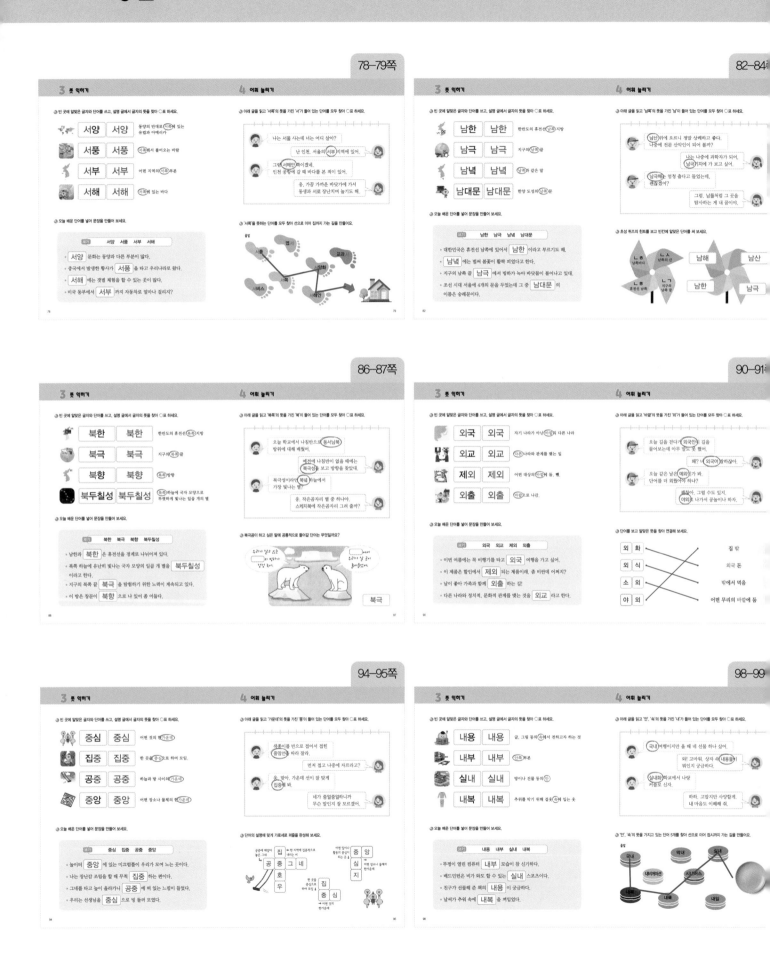

100쪽

복습 놀이

🔲 보기를 참고하여 가로세로 퍼즐을 완성해 보세요.

보기 남극기지 남동풍 동분서주 동서양 동양화 남북통일

104-105쪽

3 뜻 익히기

🔲 빈 곳에 알맞은 글자와 단어를 쓰고, 설명 글에서 글자의 뜻을 찾아 ○표 하세요.

	인간	인간	사람
	시인	시인	시를 쓰는 사람
	성인	성인	자라서 어른이 된 사람
	인생	인생	사람이 세상을 살아가는 일

🔲 오늘 배운 단어를 넣어 문장을 만들어 보세요.

보기 인간 시인 성인 인생

• 동물원에서는 성인 과 어린이의 입장료를 다르게 받고 있다.
• 내가 좋아하는 이 시를 쓴 시인 이 누구인지 궁금해.
• 모든 사람들은 행복한 인생 을 살아가길 소망한다.
• 인간 이 동물과 다른 점은 무엇이 있을까?

4 어휘 놀리기

🔲 아래 글을 읽고 '사람'의 뜻을 가진 '인'이 들어 있는 단어를 모두 찾아 ○표 하세요.

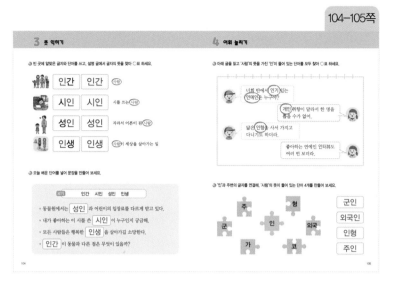

🔲 '인'과 주변의 글자를 연결해, '사람'의 뜻이 들어 있는 단어 4개를 만들어 보세요.

군인 / 외국인 / 인형 / 주인

108-109쪽

3 뜻 익히기

🔲 빈 곳에 알맞은 글자와 단어를 쓰고, 설명 글에서 글자의 뜻을 찾아 ○표 하세요.

	부모	부모	아버지와 어머니
	이모	이모	어머니의 여자 형제
	모자	모자	어머니와 아들
	모국	모국	자기가 태어난 어머니 나라

🔲 오늘 배운 단어를 넣어 문장을 만들어 보세요.

보기 부모 이모 모자 모국

• 엄마와 아들의 관계를 모자 사이라고 한다.
• 우리 이모 는 엄마와 얼굴도 닮았고 성격도 비슷해.
• 나중에 나도 우리 엄마, 아빠처럼 훌륭한 부모 가 될 수 있을까?
• 모국 을 처음으로 방문한 해외 입양아의 이야기를 들으니 눈물이 난다.

4 어휘 놀리기

🔲 아래 글을 읽고 '어머니'의 뜻을 가진 '모'가 들어 있는 단어를 모두 찾아 ○표 하세요.

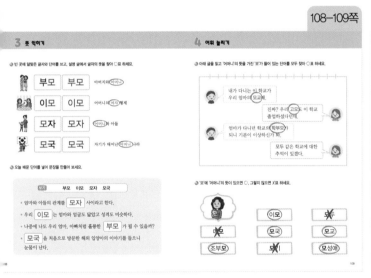

🔲 '모'에 '어머니'의 뜻이 있으면 ○, 그렇지 않으면 ✕표 하세요.

이모 / 모 / 모국 / 모교 / 조부모 / 모지 / 모성애

112-113쪽

3 뜻 익히기

🔲 빈 곳에 알맞은 글자와 단어를 쓰고, 설명 글에서 글자의 뜻을 찾아 ○표 하세요.

	선배	선배	자기보다 먼저 활동하여 경험이 앞선 사람
	선착순	선착순	먼저 도착하는 차례
	우선	선행	어떤 일에 앞서서
	선행	선행	어떤 것보다 앞서가거나 앞에 있음

🔲 오늘 배운 단어를 넣어 문장을 만들어 보세요.

보기 선배 선착순 우선 선행

• 형은 나보다 학교에 2년 먼저 입학한 선배 이다.
• 밖에 나갔다 들어왔을 때에는 우선 손 먼저 씻어야 한다.
• 집 앞 마트에서 선착순 50명에게 경품을 주는 이벤트를 한다.
• 학교에서 배울 것을 미리 공부하는 것을 선행 학습이라고 한다.

4 어휘 놀리기

🔲 아래 글을 읽고 '먼저, 미리'의 뜻을 가진 '선'이 들어 있는 단어를 모두 찾아 ○표 하세요.

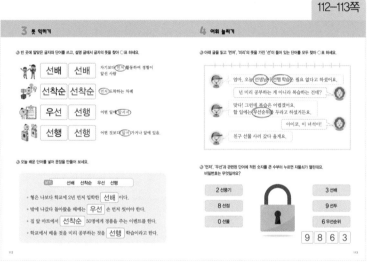

🔲 '먼저, 우선'과 관련된 단어에 적힌 숫자를 큰 수부터 누르면 자물쇠가 열린대요. 비밀번호는 무엇일까요?

2 선풍기 / 3 선배 / 8 선임 / 9 선두 / 0 선물 / 6 우선순위

9 8 6 3

116-117쪽

3 뜻 익히기

🔲 빈 곳에 알맞은 글자와 단어를 쓰고, 설명 글에서 글자의 뜻을 찾아 ○표 하세요.

	생명	생명	생물이 살 수 있도록 하는 힘
	생물	생물	생명 있는 동물과 식물
	생일	생물	세상에 태어난 날
	생산	생물	사람이 생활하는 데 필요한 물건을 만듦

🔲 오늘 배운 단어를 넣어 문장을 만들어 보세요.

보기 생명 생물 생일 생산

• 이번 내 생일 에는 친구들과 함께 놀이공원에 갈 예정이다.
• 생명 은 소중한 것이니 작은 생물 이라도 함부로 대하면 안 된다.
• 캐릭터 빵의 인기가 높아지면서 빵의 생산 량도 증가하였다.

4 어휘 놀리기

🔲 아래 글을 읽고 '살다, 살다'의 뜻을 가진 '생'이 들어 있는 단어를 모두 찾아 ○표 하세요.

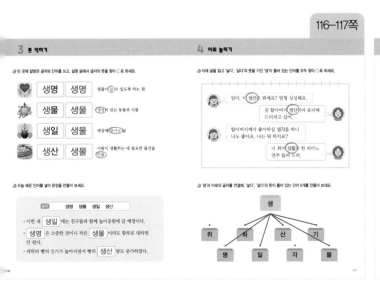

🔲 '생'과 아래의 글자를 연결해, '살다, 살다'의 뜻이 들어 있는 단어 6개를 만들어 보세요.

생 / 쥐 · 화 · 산 · 기 / 명 · 일 · 각 · 물

120-121쪽

3 뜻 익히기

🔲 빈 곳에 알맞은 글자와 단어를 쓰고, 설명 글에서 글자의 뜻을 찾아 ○표 하세요.

	노인	노인	나이가 들어 늙은 사람
	노후	노후	늙은 뒤
	노약자	노약자	늙거나 약한 사람
	노련	노련	많은 경험으로 익숙함

🔲 오늘 배운 단어를 넣어 문장을 만들어 보세요.

보기 노인 노후 노약자 노련

• 버스나 지하철에서 노약자 석은 비워 두도록 한다.
• 우리 부모님은 노후 에 전원주택에 살고 싶어하신다.
• 이번 경기에서 경험 많은 선수들의 노련 한 기술 덕분에 팀이 우승을 차지하였다.
• 최근에는 노인 인구가 증가하여 고령화 사회가 되어가고 있다.

4 어휘 놀리기

🔲 아래 글을 읽고 '늙다, '익숙하다'의 뜻을 가진 '노'가 들어 있는 단어를 모두 찾아 ○표 하세요.

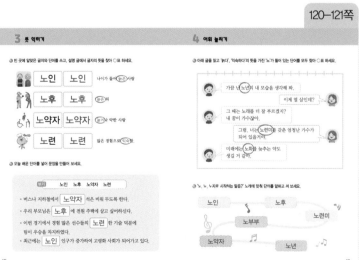

🔲 '노, 나, 너'자로 시작하는 말을? 노래에 맞춰 단어를 말하고 써 보세요.

노인 / 노후 / 노부부 / 노련미 / 노약자 / 노년

143

정답

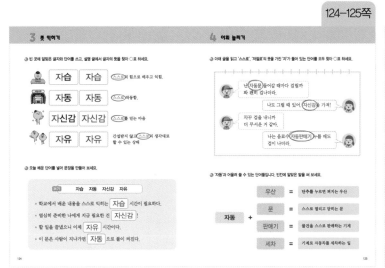

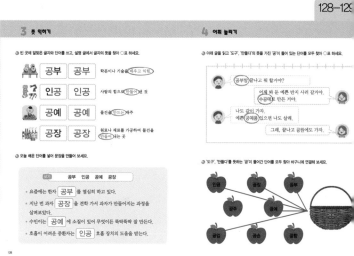

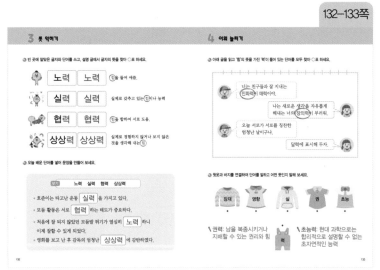

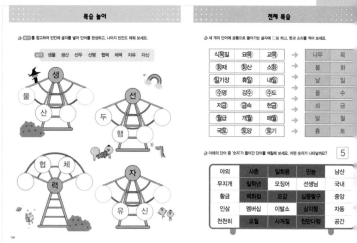

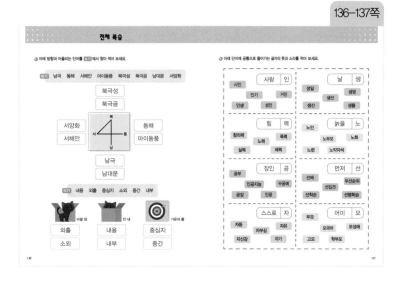